数字时代中国"Y世代"青年的公民参与

Chinese Gen Y' Citizen Participation in the Digital Era

王蕾 / 著

中国传媒大学青年学者文丛

第二辑

中国传媒大学出版社
·北京·

总　序

时值中国传媒大学成立60周年之际,中国传媒大学人文社会科学青年学者资助项目正式选定了十部支持专著,这是我校在人文社科研究方面所取得的又一成绩。

这套丛书的出版不仅是为了落实学校科研支持政策,更是为了响应国家的号召。2014年,李克强总理与历年国家杰出青年科研基金获得者代表座谈交流时曾提到,人才特别是优秀青年人才是国家科技实力、创新能力和竞争力的重要体现,代表着国家创新的未来。做好这方面的工作,对加快转变发展方式、实施创新驱动战略具有重大意义。作为教育部直属的国家"211工程"重点建设大学和国家985"优势学科创新平台"项目重点建设高校,中国传媒大学在信息传播领域的学术发展也是我国高校人文社科研究发展的一个重要组成部分。

建校60年来,我校在科学研究方面产出了大量的优秀成果。特别是在信息传播领域,我校广大教师正确面对我国信息传播事业飞速发展过程中机遇和挑战并存的复杂形势,迎难而上、克难攻坚,始终保持着饱满的科研热情,坚守着学校的殷切期望,及时、准确地把握国家提供的战略契机,以充分的准备和足够的信心面对挑战、迎接挑战,积极开展多领域、内容丰富的科研工作,收获了累累硕果。在2012年教育部组织的全国学科评估中,我校新闻传播学、戏剧影视学两个学科均排名第一。

目前我校的3个学部（新闻传播学部、艺术学部、文法学部）、1个中心（协同创新中心）和5个直属学院（播音主持艺术学院、广告学院、经济与管理学院、外国语学院、MBA学院）是文科科研和艺术创作的主要力量源泉。同时，学校文科方面还拥有新闻学、广播电视艺术学2个国家重点学科，传播学1个国家重点培育学科，新闻传播学、艺术学理论、戏剧与影视学3个一级学科北京市重点学科，语言学及应用语言学、动画学2个二级学科北京市重点学科；拥有教育部人文社会科学重点研究基地广播电视研究中心等部级研究机构13个和校级科研机构40个，在我国人文社科领域具有相当重要的地位和影响力。

近年来，我校在人文社科领域先后有2人入选"长江学者"特聘教授、2人入选"长江学者"讲座教授、3人入选"新世纪百千万人才工程"国家级人选、25人入选教育部"新（跨）世纪优秀人才支持计划"、2人次荣获国家级教学名师奖、2人次荣获全国优秀教师荣誉称号。更有越来越多的青年教师荣获教育部科学研究优秀成果奖、北京市哲学社会科学优秀成果奖等含金量较高的奖项。众多奖项和数字的背后，凝聚的正是全校思想活跃、朝气十足的广大青年教师夜以继日、笔耕不辍的成果，他们是真正帮助我校文科科研日益发展壮大的薪火相传的主力军。这支主力军的成长得益于两个方面：

一方面，我校立足长远，着力于对广大青年教师进行有计划、有目标的专业培训，加大对青年教师科研项目的经费投入，鼓励青年教师进行交叉学科项目的科学研究。中国传媒大学科研培育项目的设立，有效调动了青年教师的科研积极性，整体提升了我校人文社科的科研氛围与科研能力；邀请国内外专家学者来校开展社会科学研究系列讲座，积极拓展广大师生的学术视野；研究《艺术创作与获奖评价体系》，将科研与艺术创作有效结合，激发广大教师艺术创作的热情；研究《重点学科指标评测体系》，将我校的优质学科与国内外顶尖高校的相应学科进行深层对比，巩固我校两个优势学科在全国的领先地位；打造《中国传媒大学文科科研手册》，方便教师全面了解科研工作情况；建设完成文科科研成果库（一期工程），共收集信息传播领论文15,500余篇、著作3,258册、研究报告730余篇，形成了我校自建校以来最为完整的科研成果文献体系；本着"高标准、精投入"的原则，集中一批优秀科研人才，引导广大教师特别是青年教师围绕全媒体、大数据等热点领域积极开展科研工作，营造了一个砥砺切磋的良好学术环境，促成了更多高水平科研成果的产生。

另一方面，我校广大青年教师努力开拓创新，将现代理论有机融合于具体实践之中，在变化中求发展，在发展中谋变化，不断寻找立意新颖的科研课题，以蓬勃向上和不断进取的青春锐气，以孜孜不倦和奋力前行的勇气，扎根于文科科研工作，并不断茁壮成长。青年教师在学校"钻研、精研、深研"的方针指导下，凭借着旺盛的科研热情，在一系列科研、教学比赛和国际学术拓展中取得了令人瞩目的成绩。

此次青年学者出版资助项目就是这些科研成果中的一部分。也正是在优渥的科研鼓励政策的鼎力支撑下，才有了一批30—45岁的优秀青年学者倾心无忧，精心钻研，用心谋划，专心致学，大胆施展才华，安心科研工作，最终促成了"中国传媒大学青年学者文丛"的顺利面世。

学校文科科研的发展离不开青年教师的成长，学校管理机制的完善助力于青年教师的进步。希望我校广大青年教师在科学研究的道路上不畏艰险、勇于创新，不断探索前行！

是为序。

中国传媒大学副校长、教授
廖祥忠
2015年12月8日

序

王蕾早在十年前就报考了我的硕士。本科就读计算机通信专业的她给我的第一印象是一位稚气未脱的小姑娘,这让我对她在专业领域的发展多少有些质疑。随着时间的推移,我看到了她身上潜藏的那股不服输的勇气,和难能可贵的毅力与坚持。她不仅顺利完成了学业,并且漂洋过海,用一年多的时间留学美国,为博士论文的框架建构及后期调研与写作打开了视野,寻找到更多的参照。

令我印象深刻的,还有她在毕业答辩时提交的那份致谢词——足足有五六千字,大概是我所读到的篇幅最长的致谢了。我想那是她对自己寒窗的回顾与总结,也是她对相关领域各位前辈、同仁的致敬,更是她对这项浸透了汗水与心血的研究的感言!

当代中国的语境之下,"公民参与"是一个充满活力与想象空间的研究领域,而青年作为公民参与的主体与后备力量,其所思所想、所作所为无疑更是值得考察与探讨的问题。王蕾以此作为其博士论文的选题,既反映了其学术兴趣和专业志向,也体现出她对相关议题的长期关注与敏锐感知。

但这的确不是一个容易把握的题目。首先是对相关概念、理论的历史梳理。何谓"公民",什么是"参与",以及相关情景、背景之下的"政治"概念,还有对"Y世代""青年"等关键词语及特定内涵的界定等,都需要展开系统的考察与论证。其次是如何从这些西方政治学、社会学及传播学领域的核心理念出发,结合中国的现实情况,展开具有创新性的、接地气的考察,以期得出符合我国国情的数据与判断,实现有意义的"跃迁"。最后,如何评价、反思中国青年在公民参与行动中的角色与未来,更是具有挑战性的话题,需要研究者在理论建构、实践话语及学术立场上均具备相当的积累、洞见与勇气。

如果以上述标准观照,严格来说,此项研究还存在相当的拓展空间。从王蕾的自述中,可以窥见其艰难的探寻过程和不懈努力。正如作者所言,在社会转型期的中国,"身负各种期望的青年群体是否丧失了'公共'意识,是否自我消解了'参与'能力,是否对社会政治议题漠不关心?他们是以怎样的姿态介入社会公共事务的,网络和各种数字终端平台又在其中起到何种作用?……"正是这一连串的疑问,构成了研究的现实关切。

值得肯定得是,作者至少在前两个层面上做出了可贵的探索,形成了基于文献检索和一手调研的理论搭建与本土回应,如关于"Y世代"的中国语境的分析,为"谁是青年"提出了富有中国特色的解读;而基于实证资料的"积极的参与观"等结论的形成,也为下一步的探索拓开了疆域。相信假以时日,王蕾博士会在学术之路上走得更远,并且不忘初心。

龙 耘

2017 年 8 月于北京

目录

绪 论 ·· 1
第一节 研究背景及缘起 / 1
第二节 主要研究文献综述 / 6
第三节 研究目的与意义 / 19
第四节 研究架构与方法 / 22

第一章 概念界定与理论框架 ·················· 25
第一节 青年公民参与理论 / 25
第二节 相关理论扩展 / 47
第三节 关键概念 / 55

第二章 数字时代中国青年公民的参与环境 ·················· 73
第一节 从社会变迁视角看中国青年参与演变史 / 73
第二节 不断发展的参与环境 / 80
第三节 影响青年参与的因素 / 107

第三章 实践调查——微信使用、社会资本与公民参与 ········ 116
第一节 大学生微信使用和社会资本对其公民参与的影响 / 116

第二节　调查讨论与小结　/ 132

第四章　实践调查——数字时代青年志愿者的服务持续性 …… 135
　第一节　数字时代青年志愿者志愿服务持续性的原因
　　　　——对12名青年志愿者的访谈分析　/ 135
　第二节　调查讨论与小结　/ 156

第五章　研究总结与展望 ……………………………………… 161

附录1 ………………………………………………………… 167
附录2 ………………………………………………………… 174

参考文献 ……………………………………………………… 177
后　记 ………………………………………………………… 194

编者的话 ……………………………………………………… 201

绪 论

第一节 研究背景及缘起

2012年10月11日,《人民日报》刊载了一篇题为《成功之路,光明之路,希望之路》的文章,文章里指出,"民主是人类文明进步的标志,也是各国人民的普遍追求"。党的十六大以来,国家就强调要坚持走中国特色社会主义政治发展道路,推进民主政治建设。党的十七大报告指出,"坚持国家一切权力属于人民,从各个层次、各个领域扩大公民有序政治参与",党的十八大还特别将政治体制改革单独列出,作为报告的重要部分进行阐述。党的十六届六中全会将"社会建设"与"政治建设""经济建设"和"文化建设"放到同等重要的位置,并提出"共同建设""共同享有",以此强调全民参与社会建设的重要性(熊培云,2014)。在信息通信技术不断更新的历史阶段,很多人认为,网络中的参与作为一种直接性的民主形式,是现实中制度性的代议制民主形式的有益补充,二者共同推进社会主义民主政治建设。

20世纪90年代以来,互联网飞速发展,人类的社会政治生活全面步入了信息化、网络化以及数字化的新新媒介时代(保罗·莱文森,2011)。在新新媒介时代,人们可以打破传统的种种限制,基于爱、正义、共同的喜好和经历,灵活有效地采用多种社会化工具,一起分享合作,乃至展开集体行动,"湿"的概念十分形象地诠释了人们这种基于网络的共同体验,可以说,互联网是中国的加湿器、未来的加湿器(克莱·舍基,2011:8)。据《第 36 次中国互联网络发展状况统计报告》显示,截至 2015 年 6 月,我国网民规模达 6.68 亿,互联网普及率为 48.8%,其中,手机网民规模达 5.94 亿,超半数网民使用微博、SNS 社交网站等新兴社交媒体平台。报告显示,网民主要为集中于 15 岁至 35 岁之间,以学生为主的青年群体。另据《2011 年中国青少年上网行为调查报告》显示,25 周岁以下的青少年网民在总体网民中占主要地位,是使用网络应用较为活跃的群体,该群体中使用搜索引擎、浏览网络新闻的比例占网民总数的 70% 以上,他们也是使用博客、论坛、社交网站和即时通信的主要群体。以上情形表明,青年群体在当代社会变迁的形势下,日趋扮演着网络政治参与的生力军和主力军角色(徐选国 & 李月圆,2012:11)。

作为民主社会的衡量尺度,公民参与(civic engagement)是一个极为重要的概念。青年,是公民的重要组成部分(吴庆,2012:5)。当代青年是伴随着新的信息和通讯技术成长起来的一代(Livingstone,2002),他们所拥有的许多知识都源于媒介,而好的媒介则提供了政治参与的平台。可以说,青年是肩任民主责任感新一代的"参与型公众"(Dahlgren,2009:81)。在网络时代的背景下,一方面,青年可以通过专门的政治网站、微博、社交网站或其他即时通信途径来获取政治或社会公共事务信息,参与时事讨论,表达诉求和抒发情感,这对于维护政府部门的正常运行、有效调解国家和社会间的关系等起着十分有益的作用。另一方面,当前社会正处于社会转型之际,在经济突飞猛进的同时,也出现了环境污染、贫富差异、资产重组及生态危机等不能即刻化解的一系列问题,现实生活中的竞争压力容易让当代青年产生种种焦虑和恐惧,他们要么对政治和政治参与毫无兴趣,要么受广袤无垠的网络世界中一些不良信息的影响,在网络政治参与中做出不利于自身发展和社会稳定的行为(陆士桢,2012:5)。

兰斯·本奈特(Lance Bennett)认为,青年的政治参与范式无外乎有两种:参与范式(the engaged youth paradigm)和非参与范式(the disengaged youth paradigm)。参与范式强调对青年言论表达的赋权,他们可以根据自身观点作出有建设性的抉择;而非参与范式则强调青年对传统政治活动(如选举)的参与和对公共时政新闻的关注的降低。关于青年不关心政治、政治冷漠(civic or political apathy)的论调在中西方的相关研究中一直存在,梳理相关文献,发现其观点的依据主要有两方面:(1)从青年的主观意识层面来看,青年对"政治"或"政治参与"有种刻板的印象。青年对政治和政客的信任度不高,他们对于正规的政治系统有种与生俱来的疏离感,且一般很难对参政者表示认同,因为他们认为这些参政议政的人通常年长且不会深入地了解青年人的生活状况(Dahlgren,2007:5)。(2)从青年网络政治参与的客观条件来看,一方面,青年的上网行为仍是以娱乐为重点,尤其是以认识论上的怀疑主义和相对主义、价值论上的多元主义、无政府主义和虚无主义为精神内核的后现代主义思潮容易在青年中塑造一批"新新人类"(朱子超,2005:24)。他们崇尚个人主义、消费主义以及享乐主义,其公民身份被边缘化。另一方面,社会文化图景变得更多元化、细分化。特别是当前的中国正处于社会转型期,随着改革开放后市场经济的飞速发展,中国总体上已由工业社会渐渐步入信息社会、后现代社会,当然也进入了德国学者贝克所提出的"风险社会"。有学者分析,风险社会给当前中国带来的冲击主要体现在社会结构矛盾、阶层分化和规范弱化三个方面(杨晓虎 & 傅菊辉,2013:21)。随着经济发展速度和融入全球化步伐的加快,中国已蓄积了更多的资本打造民族伟大复兴的"中国梦",但同时也进入了矛盾的多发期。新旧经济模式、政治体制、文化观念随处可见,现实社会贫富分化、城乡差别、区域分割构成了社会转型的沉重羁绊(孙立平,2009:12)。生活在冲突和利益纠葛之中的被誉为"祖国栋梁"的青年群体倍感压力、生活幸福感严重受挫。其中一部分人不是沉迷于虚妄的个人想象空间中逃世厌世,就是浸淫在浮躁萎靡的享乐世界中寻求片刻心灵的寄托,没有充分地利用好网络这个重要的通道行使职责和履行义务。

一些西方学者认为,在社会主义国家的这种"威权模式"下,国家和政党完全主宰了社会力量,只存在"威权体制"导向下的"政治动员",认为社会主义国家中所谓的"政治参与"抑或是"公民参与"不过是当权者用来构筑其政治合法性的工具,并不具有影响政策的实质性意义(赵刚印,2010:2)。有些学者甚至拒绝将"公民"或"参与"等概念运用到社会主义国家的研究情境之中,他们认为当下的中国只能归为"臣民社会",客观上还不具备"参与"的条件。毫无疑问,这种理念和导向是狭隘的、有失偏颇的。(1)民主是值得追求的,而参与是民主的重要因素。社会主义者一直是把民主作为重要政治目标加以追逐的(郭小安,2011:2)。毛泽东在抗日战争时期曾提出,"只有民主才能救中国";邓小平也反复强调,"没有民主就没有社会主义";十四大至今的历届党的报告都把"发展社会主义民主政治作为建设社会主义政治文明、全面建设小康社会的重要目标"。民主是人类政治文明的优秀成果,是世界各国人民的普遍追求。信息技术的进步逐渐推动公民社会和公共领域的形成,从而使政治制度能够表现出真正的民主(郑永年,2014:109)已成为学术界一种常态的思维方式。多年来,中国公民已摸索出了他们自己的政治参与形式,特别是随着网络信息社会的来临,公民参与已经显著地发生于数字化公共领域;网络公共讨论或网络舆论场形成了一种社会压力,影响着政府的政策制定和实施。我们不可简单地套用西方国家技术和公民参与的理论路径,模式化地认为技术进步和民主政治是直接的正相关关系,而应该结合我国国情,对"民主"和"政治"进行合理化分析。一方面,民主是一个程度性的问题(王绍光,2008:94),另一方面,一些学者认为,对于中国更为现实的方案,是让国家和社会力量产生互动,以递归的关系逐渐地改造着彼此;另外,随着信息技术的不断更新,广泛的社会个体登上政治舞台,借助计算机与互联网技术参与流动性政治和生活政治(师曾志 & 胡泳,2014:172),此时的"政治"逐渐有了"社会"的维度,也有了"公共"的内涵,并且对"参与"的理解不再局限于传统的社会运动,参与的内核渐渐与个体的生活实践以及媒介生态环境息息相关。(2)我国网络社会的参与实践,确实对现有政权体系的发展起到了良性的促进作用。比如,网络公共讨论通常能赋予领导人一种权限来发起政策创议并实施它们(郑永年,2014:186),"强国论坛"的建立、"孙志刚事件"以及若干起官员腐败事件等表明,互联网的集体行动正在很大程度上推动着政治开放、政治透明和政治责任制。(3)自中国2001年加入国际贸易组织开始,全球化为中国的发展提供了新的外部环境和机遇。中国也不得不持续调整自身来适应国际规则的要求。尽管对外界有各种抗拒,但中国在与国际社会的频繁互动中,也在逐渐地被国际规范社会化,这其中信息技术,尤其是互联网,起了相当大的作用(郑永年,2014:175)。作为崛起中的大国,中国现在很难忽视世界舆论,因为我国现如今已经是全球市场的重要组成部分,经济的发展也日益依赖于世界市场。(4)日益繁多的网络公民社会参与源于现阶段民众的需求,也是经济社会发展到一定程度的必然结果。古人说,"仓廪实而知礼节",这里面包含了一种朴素的政治观,即物质需求得到满足以后人会有精神需求(胡正荣,2012)。历史经验告诉我们,当社会经济及政治发展到一定阶段,公民的权利意识和自主意识觉醒以后,就会产生个人参与社会事务的需求。纵观当前中国的网络群体性事件,草根的社会参与或"围观"行为,都带着浓厚的物质性和现实性,也就是说,参与仅是为了解决现实问题或推动现行政策的改革。所以,国家政府和商业市场领域从某种程度上是欢迎这种类型的公民参与的。

综上所述,网络参与或公民参与对我国的良性发展是必要的,是有意义的。我们只需结合时代的发展趋势,适当地转变对"公民""参与""政治"等观念的看法,将其放在社会情境中加以重新思考和诠释,这样的"公民参与"便是有意义和有积极作用的。特别是对于在传统政治参与领域中处于边缘地位的当代青年,对他们的社会公共参与应该给予肯定和鼓励。认可青年公民政治参与的态度和行为实践会给当代青年的"公民意识"和"公民精神"增添助推剂。虽然网络世界常渗透着暴力、谣言和谩骂,但随着合理有序的参与体系的日益完善、国家与社会越来越多的沟通互动和相互改造以及公民良性参与实践的增多,"善治"的梦想终将在实践中成为现实。本书以中国Y世代青年为研究对象,通过梳理西方关于"青年公民参与"的前沿理论,结合中国现实情境,试图搭建起适合中国Y世代青年公民参与的理论框架。另外,在探索影响青年群体参与的因素方面,先主要从个人因素和社会环境因素两方面综述西方有关文献,然后通过两个案例研究,分别从定量研究和定性研究的角度,以中国Y世代青年的具体实例来验证前人对公民参与影响因素的论断和分析。

第二节 主要研究文献综述

一、国外相关领域研究文献综述

(一)不再泾渭分明的公民参与和政治参与

笔者以"青年""参与""公民""政治"为关键词,在外文库中搜索到了近两百篇主要相关文献。将这些文献录入定性数据分析软件NVIVO中,对这些文献的全文进行词频统计可视化分析,得到下面的单词云视图(word cloud)(如图0-1所示)。词频高居首位的分别是"政治"(11,512次)、"社会"(9,294次)、"公民"(9,078次)和"参与"(8,693次),由此可以看出,参与行为本身仍然具有很高的政治属性,而且参与行为的社会公共性也不可小觑,这四个词是高度关联的。此外,青

图 0-1 单词云视图

年中的学生(4,483次)是公民参与的主流研究对象,他们有较好的教育背景和接受知识熏陶的机会,更有可能成为社会和国家公民;"媒体"(3,831次)也是高频词,可见个体和群体参与行为的产生与媒体有一定的关联性,公民参与在很大程度是和媒体相关的。

公民参与的定义随着时代的更替、时局文化的不同而有着不同的含义。以往对于公民参与的概念定义得较为传统,贴近于政党和选举政治(Brady,1999)。有学者界定了四种参与形式:选举、党派活动(包括为政党组织工作以及援助党派团体)、与公共官员联络和社团组织活动(Verba & Nie,1972)。此后,也有学者对公民参与行为做出了五个维度的界定:选举参与(electoral participation)、消费参与(consumer participation,包括慈善援助、抵制政治消费和签名请愿)、党派行为(party activity)、抗议行动(protest activity)以及联系沟通行动(contact activity)(Teorell, Torcal, & Montero, 2007;E. Amna, 2012)。也有学者做了一个关于"不参与"(disengagement)、"公民参与"和"政治参与"(political participation)三种范式的关系图谱(E. Amna, 2012),见表0-1。

但如果仅把公民参与等同于政治参与,将政治仅仅看为正式性的选举政治,可能略显偏颇。很多年轻人也许因为片面地理解了政治的含义而疏远了政治(Arensmeier, 2010; Quintelier, 2007)。当前,在公民参与研究领域中,比较有代表性的学者有兰斯·本奈特(Lance Bennett)、彼特·道格兰(Peter Dahlgren)、利文斯通(Sonia Livingstone)、史蒂芬·科曼(Stephen Coleman)等。在兰斯·本奈特所编著的《网络民主生活——认识数字媒体进入青年生活》一书中,他建设性地提出了青年进行参与的两种范式,也提出了青年个体身份转型的理论范式,即从传统教育理念中的责任个体(dutiful citizen)到以青年个人经历为基础的自我实现的个体范式(self-actualizing citizenship)。上述学者倾向于支持"新政治观",即生活型政治(lifestyle politics)。生活型政治强调基于个体的生活体验进行政治参与,突出自主意识,是融合文化理论中"集中智慧"的体现。这种倾向于将"政治参与"

表 0-1 "不参与""公民参与"和"政治参与"的关系图谱

	不参与		公民参与（潜在政治）		政治参与		
						行动主义（党派政治之外的参与行为）	
	积极形式（反对政治）	消极形式（政治冷漠）	社会参与（注意力）	公民参与（行动）	正式的政治参与	正式/党派政治之外的抗议行动	非正式的抗议或行动
个体形式	• 不选举 • 不从电视和报纸上了解政治信息 • 避免谈论政治 • 对政治不感兴趣	• 不选举 • 觉得政治无趣和不重要 • 政治消极	• 对政治和社会有兴趣 • 觉得政治重要	• 给编辑写信 • 慈善援助 • 与朋友谈论或在网上议论政治和社会议题	• 选举 • 谈论非选举行为 • 与政治代表或人民公仆联系 • 运行公共平台或向政治党派组织援助	• 抵制政治消费 • 签名请愿 • 分发政治宣传单	• 不服从行为 • 政治性地侵占财物
集体形式	• 无政治的生活形态 • 极端案例：无政治暴力的行为，失望反应，疏离或社会排他感	• 无政治的生活方式或形态	• 从属于某个社会关注的社会组织 • 有党派意识形态认同 • 在生活领域有参与的标识，如在音乐、群体认同或服饰方面	• 参与社会志愿活动，如：帮助妇女或无家可归的人 • 基于群体工作中的工作或参与会议） • 改善生活或信仰	• 作为某个政党、组织或贸易机构的成员 • 在某个党派、组织或贸易机构中的行动（志愿工作或参与会议）	• 参与新社运动或论坛 • 游行、示威、抗议或其它活动（如：街头举办有不同政治议题的活动）	• 不服从行为 • 破坏公路或铁路 • 参与暴动

与"公民参与"相融合的生活化政治观,是当前西方网络公民参与研究领域的主流观点和范式。

(二)国外网络政治参与的相关文献

美国是世界信息革命的发源地,其有关于网络政治参与的研究起始于1990年。在此介绍一下有关网络政治参与的相关文献,从宏观层面为本书的观念理解和概念阐释作出有益补充。大致可以分为三个方面:

1.网络与社会发展

20世纪中期,一批探析信息社会影响力的著作推出,如丹尼尔·贝尔的《后工业社会的到来》(1973)、约翰·奈斯比特的《大趋势》(1984)、阿尔温·托夫勒的《第三次浪潮》(1980)等。20世纪末,尼葛洛庞帝所著的《数字化生存》提出互联网在四个方面改变了人们的生活:权力分流、全球化、追求和平以及平等赋权。其后,曼纽尔·卡斯特发表了"信息社会的三部曲"——《认同的力量》(1997)、《千年终结》(1998)以及《网络社会的崛起》(2000),三部曲的出版标志着网络社会学研究的开端。

2.网络对实际政治生活的影响

这一部分文献主要注重对网络和民主政治关系的探讨。比如,桑斯坦2002年所著的《网络共和国——网络社会中的民主问题》通过对60多个政府网站的分析,研究发现在现实民主环境中的信息分布应该是多元化的;《数字民主:连线世界的政策和政治》(1998)指出数字信息技术的广泛应用正在改变治理的方式。另外,安德鲁·查德威克2006年所著的《互联网政治学》调查了新通信技术在政治选举、社会运动、地方民主、公共机构以及全球治理等方面的影响力,并指出网络改变了人们对于政治的考量,也改变了人们进行政治活动的方式。

3.网络空间中的政治问题

这一部分的研究主要探讨虚拟社会、虚拟政治和赛博空间的权力。比如,蒂姆·乔丹在1999年出版的《网络权力:网络空间的文化和政治及因特网》一书中提出,网络权力建构了虚拟等级且产生了虚拟空间的精英。此外,最先提出"网络民主"一词的美国学者马克·斯劳卡所著的《大冲突:赛博空间和高科技对现实的威胁》则全面阐述了虚拟现实技术正制造一个幻象的世界,对人类现实的生活和未来造成威胁。

大体来看,可以把国外有关互联网政治参与的研究大致分为宏观研究和微观研究两个层面。从宏观层面看,可以将网络政治参与放入整个政治系统中进行分析,并探讨互联网在政治参与方式和途径、政治体制、政治过程和文化等方面的作用力和影响力。在该层面的研究著作有:《网络社会的崛起》(2000)、《网络政治:互联网时代的公众行动》(1998)等。从微观层面来看,这部分研究主要围绕网络空间中的一些诸如网络权力、网络治理等具体的政治问题展开。特别是在探讨网络参与和政治民主的关系的问题上,基本上存在积极和消极两种观点。比如,《电子民主:利用互联网来改变美国政治》(2002)一书指出,网络政治参与是一种实现民主和推进政治发展的有效方式。相反,《信息时代的互联失效》(2001)[①]和《网络空间和法制》(1994)[②]等书籍则重点阐述分析网络社会带来的新的不平等,指出不是每个人都能接触大量的网络信息,也不是每个人都有机会进行网络政治参与。

二、国内相关领域研究文献综述

党的十六大报告提出,"扩大公民有序政治参与,发展社会主义民主政治",党的十七大报告指出,"坚持国家一切权力属于人民,保障人民当家做主的四权,即知情权、参与权、表达权和监督权"。在相关政策的指引下,国内公民参与的渠道和数量都有了显著提升,公民参与的重要性日益凸显。

[①] LAX S.Access denied in the information age[M].New York:Palgrave Macmillan,2001.
[②] CAVAZIOS E A.Cyberspace and the law-your rights and duties in the on-line world[M].Cambridge:MIT Press,1994.

关于公民参与的研究也随之得到重视和发展。如何推动公民参与,发挥国民参与对国家社会发展的积极作用,如何增强 Y 世代青年的公民意识,是摆在我们面前的一个重要课题。本书试图将近十年来国内的相关文献进行整理归纳,以勾勒出该领域的研究图景。经过整理发现,关于网络政治、网络政治参与、公民参与以及青年政治或公民参与的文献数量在 2005 年以后有较大的增幅。"参与""善治""民主政治"等词逐渐成了研究的热门词汇,不断有学者从政治学、行政学、管理学、社会学、传播学等角度对其进行宏观分析和微观考察。这种逐渐增长的研究态势与国家相关政策的制定以及处于转型期的人们对于建立美好社会的决心是密不可分的。目前国内文献中关于"公民参与""政治参与"的概念较为混乱,一些文献倾向于将两者截然区分,一些文献认为"公民参与"等同于"政治参与"。另外,在文献整理过程中,笔者发现关于我国公民政治参与的资料颇多,仅就青年群体来说,探究大学生政治参与的研究占有大部分比重,但这些研究多偏重于传统的政治参与,即与政府、政策以及党派活动等相关的政治活动,缺乏对公民公共生活(包括关注公共议题、获取公共生活所需的知识、参与各种社会群体及活动等)的研究(潘忠党,2012)。然而,从"青年网络公民参与"领域在国际研究平台的发展趋势来看,与以往学者的定义不同,当前大批研究学者不再认为公民参与和政治参与是两个交集很少的范畴,他们更倾向于认为公民参与包含政治参与,逐渐成熟的公民参与也有了日益增多的政治元素。就青年公民参与而言,不断增长的社会和公共参与实践也渗透进越来越多的政治属性,这种现象不仅扩展了"政治""参与"的内涵,也改变了过去青年政治参与冷漠的论调。关于这种新的研究取向,笔者会在其后的国外文献综述以及相关分析中具体说明。基于以上考量,本书在文献梳理过程中将以"公民参与""政治参与""网络政治参与"等几个主要关键词勾勒出当前的研究现状。

(一)国内网络政治参与综述

国内与网络政治参与有关的研究主要包括分析网络政治参与的概念、特点、原因和路径,分析互联网参与对民主政治的影响,以及分析网络政治参与所产生的问题、相应的解决办法和发展趋势等。基于相关文献的阅读和整理,我们可以看出国内学者的相关研究主要集中在以下三个领域:

1.有关网络政治参与的定义、特点、原因以及路径的研究

目前关于网络政治参与的具体定义在学术界始终没有形成统一的认识,李元书、李斌、刘文富、梁彩香、郭旭、赵莉等人都对网络政治参与的概念作出了相应的界定。相对而言,对此概念的界定较为符合社会现实且全面的是学者李斌的提法:政治参与更多依靠自己的力量,不再依靠人为组织手段,公众网络参政的主要形式包括通过网络直接向政府表达自己的利益要求、参与重大事项的讨论、表达一定的政治情感以及监督政府机关等。此外,目前关于网络政治参与的研究在相关领域已经取得了阶段性的成果,比如,围绕大学生或农民工等参与主体进行的研究,围绕不同的网络平台进行的网络政治参与的研究,以及以微博为基础平台的部分研究。总体上,国内有关网络政治参与的研究在理论框架的搭建、实证分析和案例研究等方面还处于初始阶段。

2.有关网络政治参与和民主政治的研究

目前,国内针对网络政治参与对民主政治的影响的研究大致存在两种对立观点。在积极影响层面,郭小安等学者认为网络政治参与对政府治理、政治文化、政治稳定、公共舆论以及官员和市民之间的互动等有着重要的影响。如,刘文认为网络政治参与对社会政治生活的积极影响主要体现在促进政府管理体制的改革与创新、塑造全新的政治文化以及推动政治社会化三个方面。胡同新认为,网络政治参与具有正面的民主化价值,它削弱了信息集权控制,增加了政治参与的手段和途径。在消极影响层面,一些学者认

为网络政治参与的消极方面表现在数字鸿沟的产生、无秩序状态的扩大、信息爆炸以及网络伦理道德观的缺失等问题。当然,也存在一种折中的观点,认为网络政治参与对政治民主来说是一把"双刃剑"。

3.有关网络政治参与存在的问题和相应解决措施的研究

在具体措施规划层面,刘文提出了针对网络政治参与所引起的问题的五条建设性措施,如加快建设电子政府、加速互联网技术的发展、加快制定网络法律法规等。在宏观政策方面,陶建钟认为政治治理应该重视互联网的开放性、网络多元化参与以及官员和普通民众的互动。郭小安认为政府和民众应该建立一种积极的双向互动关系,一方面政府应积极地运用和合理调控互联网,另一方面民众也需要加强政治参与的意识以及提高政治参与的质量。总体来看,国内大多数学者对网络政治参与持积极态度。

总之,这部分研究大致可以划分为三种类型:第一,基于某种固定群体的研究,如女性、学生、农民、代际为主的"80后""90后"、华人等,比如,关于中国80后群体政治参与的研究[①]。第二,基于不同媒介平台的研究,如网络社区、社会性媒体、微博等。相关研究如赵莉所著的《中国网络社群政治参与》。第三,基于不同政治参与方式的研究,如关于政策制定(policy-making)的参与、公众监督(public surveillance)的参与、政治动员(mobilization)的参与、公共舆论、社会运动等。再如用内容分析的方法来分析政府网站上的一项健康政策议题的评论的研究[②]。

(二)国内网络公民参与综述

国内对公民参与的研究,在研究理论导向、研究方法和途径,以及公民

---

① JIA M.Political identity and political participation:China's post-80s generation[R/OL].(2011-08-30)[2015-03-02]. http://www.china.usc.edu/political-identity-and-political-participation china's-post-80s-generation.
② BALLA S J,LIAO Z.Online consultation and citizen feedback in Chinese Policymaking[J]. Journal of current Chinese affairs,2003,42(3):101-120.

参与的利弊、动因、意义和发展趋势等方面都有不同程度的进展。以下主要就这几个方面进行具体论述：

1. 公民参与研究理论导向

有学者认为，参与和民主直接相关，没有参与就没有民主，如罗伯特·达尔对民主的界定标准中最重要的一点就是参与，故公民参与理论的流变会随着民主理论的演变而转换（陈国营，2010）。具体而言，公民参与理论的演变大致经历了古典民主与公民直接参与、代议制民主与公民间接参与，以及参与民主与公民直接参与的复兴三个历史阶段。公民直接参与最早可以追溯到古希腊雅典以公民大会（assembly）为雏形的直接民主模式，古典民主参与理论的主要代表人物是梭伦。但由于此种模式不适用于人口庞大且教育层次落差大的社会结构，且公民资格只限于男性，故遭到苏格拉底、柏拉图等思想家的抨击，该理论的理论渊源和具体剖析在王绍光的《民主四讲》中有相当详细的介绍。到了 18 世纪，代议制民主被提了出来，成为现代民主的主流形式，以洛克和密尔为代表。这种民主形式其实是与精英主义民主、多元主义民主和多元精英主义民主相连的，而精英主义民主参与理论的鼻祖是熊彼特、达尔、莫斯卡、米歇尔斯等。这种以自由主义为取向的民主模式认为，民主是一种统治阶层的制度设计，公共决策和国家治理需要依赖于少数人的智慧和责任。而后，随着精英阶层对普通阶层民主自由的忽视以及社会政治生活上诸多不平等现象的日益突显，20 世纪六七十年代迎来了以共和主义民主为取向的参与民主理论的复兴。1960 年，阿诺德·考夫曼首次提出了"参与民主"的概念，主要侧重于校园活动、学生活动、工作场所以及社区治理等领域；卡罗尔·佩特曼的《参与和民主理论》提出了参与民主理论，主张公民直接参与到国家政策的制定和执行中去，该理论得到了巴伯、哈贝马斯、罗尔斯等学者的支持。哈贝马斯在《公共领域的结构与转型》（1962）一书中建设性地提出了"公共领域"理论，认为公共领域是介于公权力与私人领域之间的中间地带，是公民探讨公共事务和政治政策的空间，公共领域形成于形形色色的个体的每个公共交谈之中。有学者统计,在最近的十年间,随着全球化进程的不断推进以及各种网络平台的大量使用,公共领域理论被广泛运用到众多研究主题之中(Peter Lunt & Livingstone,2013)。公共领域理论也遭到了一些学者的批判:工人阶级评论者强调,哈贝马斯将注意力投放在资产阶级运动之上,而忽略了存在于17世纪至19世纪间的其他普遍运动,如工人阶级运动;女权主义者指出,公共领域已经被教育背景优越且富裕的男性所占据,而以女性为主导的私人领域应该与其处于平等地位。此外,批评者还认为,一个平等的社会需要基于公共领域的多元性(Christopher Fuchs,2014)。当然,也有学者对公共领域理论的广泛运用和逐渐增多的批判声音进行回应,如彼特·朗特指出了学界对哈贝马斯的后期作品不够关注的事实,而这些作品正是哈贝马斯对自己原始公共领域理论的逐渐完善和部分纠正。

当然,除了从民主理论的角度来看公民参与的发展之外,部分学者也从参与式治理和社会资本的角度来综合分析公民参与实践(郭小聪 & 代凯,2013)。其中,参与式治理理论取向的研究拓展了行政学领域的治理理论,在实践方面更加侧重关注政府执政方式的改善、政策制定的多元化参与途径以及政府官员与民众的互动等方面,很多研究采用了"善治"理念来进行理论铺陈。另外,一些学者从社会资本理论角度强调社会层面公民精神的培育与社会治理,已有很多研究从"社会动员""公共性"以及公民精神的培养角度来开展研究。

2. 公民参与研究的方法和途径

现在,国内有关于公民参与的研究大致可以分为宏观和微观两个层面。首先,从宏观层面来看,国内公民参与的研究实践主要侧重于公民参与的产生机制以及公民参与的时代特征等。在回答公民参与的原因时,多数学者试图从我国转型时期的经济社会制度变迁中寻找答案。有学者从国家制度建设方面分析总结了中华人民共和国成立之后公民参与取得的阶段性成果,主要表现在代议制的实施、多党合作制的落实、民主集中制的推行以及民主监督机制的推广等方面(胡建华 & 钟树钦,2005)。在肯定国内现有公民参与制度建设工作的同时,一些学者也注意到了我国经济水平相对落后、"公民冷漠"程度较高以及制度建设还有待进一步加强的事实。王洛忠认为,公民参与的发展是应时应势而生的,也是传统计划经济向市场经济转型过程中多元化利益格局形成的体现(王洛忠,2005);陈福平在研究中也指出,市场经济的发展提高了人们对自由空间的掌控能力,推动了公民参与的产生和发展(陈福平,2009)。另外,也有研究者认为现阶段我国公民参与呈现出三大特征,分别是政府主导性、公民维权性以及媒体驱动性(郭小聪,2013)。政府主导性强调政府在公民参与中的重要作用,如果没有政府相关部门的积极回应,公民参与的效率、进程和影响等都会受到影响。有学者认为,我国现阶段正处于社会转型期,社会协商对话制、听证制、信访制、基层群众自治等制度并没有充分发挥其应有的作用(李勇军,2007),在现实参与渠道受阻或参与效能不高的情况之下,越来越多的群众会通过网络等诸多媒体平台来维护自身的利益。当然,媒体对公民参与起着重要的推动作用,不管是信息告知、议程设置,还是搭建公共平台促进公众参与公共事务,纷繁多样的媒体平台都是增强社会凝聚力、提高国家和社会互动频率和效率的有效渠道。

其次,从微观层面来看,现有研究多从具体事件入手分析公民参与经历的阶段、取得的成果等。如王扬以"开胸验肺"为案例,从历时性角度将中国当下公民参与划分为酝酿期、爆发期、协商期、维持期四个阶段,王扬同时考察了利益相关者、政府机构、媒体、专家学者、普通公众五方面参与者在事件发展的各个阶段中扮演的不同角色。再如张紧跟对厦门 PX 工程和广州番禺垃圾焚烧事件中的公民参与过程进行了分析(张紧跟,2011)。案例分析对于掌握现阶段公民参与的社会规律、了解社会参与中容易产生的问题以及推进有序参与渠道的搭建等有着积极的作用。

3. 公民参与的意义和发展趋势分析

关于公民参与的意义,学者们从不同的角度做了大量的论述,主要有以下几个方面:一是公民参与赋予了公民展现自身权利的契机,它是公民维护自身合法利益的具体途径。李海青指出,"公共参与的民主实践是培育合格公民的唯一手段"。二是公民参与从某种程度上而言是对公权力的有效监督,有利于防止政治腐败。党的十八大报告强调:要建立健全权力运行制约和监督体系,加强党内监督、民主监督、法律监督、舆论监督,让人民监督权力,让权力在阳光下运行。李海青认为,广泛而深入的民主参与有利于克服政治权力的僵化与异化趋向。2012年9月,"微笑表哥"事件使网络反腐又一次成为社会舆论焦点,并持续一个多月。三是公民参与有利于政策的完善和制定,有助于维护和推进和谐社会建设。2003年,"孙志刚"事件唤起了政府职能部门以及社会大众对城乡二元结构对立、违宪审查机制等问题的关注。在政府、学界、媒体以及公众的共同推动下,1982年国务院发布的《城市流浪乞讨人员收容遣送办法》废止,新的《城市生活无着的流浪乞讨人员救助管理办法》顺利推行,"收容遣送"改成"救助管理",虽只是几字之差,却体现出了对公民权利的尊重。四是公民参与有利于政府和社会公众的互动,是推进国家"善治"之路的强大动力。这种互动有利于加强国家和社会的有机联系,体现了民主的核心价值,有效地促进了"臣民社会"向"公民社会"的转型。另外,学者顾丽梅分析了我国城市政府治理过程中公民参与的利弊,具体论述了政府决策过程中公民参与对公民以及政府两方的利与弊,说明了我国城市经济的发展是激发公民参与意识提升的原动力,公民参与仍然是民主政治不可或缺的重要标志。

目前,我国正处于社会转型期,社会结构发生着深刻的变化,市场经济日益完善,对外开放程度日益加深,公民的民主意识随着社会经济的发展也会不断增强。在这样的背景下,公民参与的重要性日益凸显。习近平总书记在第十届全国人民代表大会第一次会议闭幕演说中指出,"生活在我们伟大祖国和伟大时代的中国人民,共同享有人生出彩的机会,共同享有梦想成真的机会,共同享有同祖国和时代一起成长与进步的机会"。而提高公民意识,促进公民参与社会公共事务,是集体智慧和力量的体现,是人民当家做主的动力之源,也是助推中国梦顺利实现的有力保障。

(三)国内青年网络参与综述

国内有关青年政治参与的研究,最具有代表性的是2011年陆士桢教授主持的国家社科基金重点项目"当代青年网络政治参与状况及对策研究"。该课题对新时期我国青年网络政治参与的内涵、特征、趋势、参与现状、问题及相应的对策进行了探索性的研究分析,发表了《对当代青年网络政治参与的理论分析》《新时期我国青年网络政治参与的内涵、特征及其趋势》等多篇研究文献。也有研究学者用文本分析的研究方法,对七个中文论坛中有关青年网络政治参与的主题进行整理分析,总结了新媒体视阈下青年网络政治参与的内容、特点及存在的问题,以此归纳出网络政治参与的主客观影响因素。

在对以大学生为主的青年群体进行调研的过程中,中国青年政治学院的高旺教授用问卷的方式随机调查了华北、华南等地大学生公民参与的状况及存在的问题。研究认为,该群体的切身利益、社会资源状况、社会政治态度、权利意识以及社会组织的介入状况和制度约束等因素综合作用于大学生的公民参与行为。另外,高旺把大学生的公民参与划分为三种类型,即参与公民活动,包括解决社区问题、充当志愿者、参与社团以及参加慈善募捐等活动;参与选举活动,包括校园选举和基层人大代表的投票、动员他人选举等;参与政治表达,包括接触校方领导或政府官员、接触报纸或电视等传统媒体、投递请愿信件或参与游行抗议等。学者闵学勤以中日韩18岁至35岁的青年为研究对象,通过研究发现,与西方话语下的公民参与相比,中日韩青年并未形成独特的儒家式参与模式,他们在言论参与、组织参与和政治参与这三大类型的公民参与中虽各有异同,但与世界基本保持同步。另外,潘忠党通过分析来自全国31个省、市、自治区的问卷调查数据,集中探讨了互联网使用与公民参与之间的关系,他认为公民参与包括获取时政知识、参与意见表达、参加社群组织及其活动,以及在地方选举中投票这四个维度。该文以原有经验研究文献为依据,重点考察了三组解释公民参与程度的变量:反映人们的资源拥有程度的社会—人口变量,反映人们对卷入公共生活的兴趣和态度的心理学变量,有益于人们获取信息、提升理解的媒介使用变量,有别于以往研究偏重于传统政治参与的局限,该研究将注意力集中于公民日常生活中的公共参与,包括关注公共议题、获取公共生活知识、参与各种社会自愿活动、针对公共议题进行讨论等。

另外,有一些研究以问卷调查或访谈的形式对大学生群体的网络政治参与现状进行调查研究。这些研究存在三方面的问题:首先,对于"政治参与"概念的界定,主要以传统的党派政治、关乎国家政策或官员团体的政治为主。其次,大学生群体只占据网民总数的11%左右,不足以说明网络政治参与主体的行为现状。最后,这部分研究所基于的理论基础不够明晰,大部分仅是"为调查而调查",并没有在学理层面对前人的理论进行深入的分析、应用和发展。所以,本研究把研究对象扩展至以学生为主的当代青年群体。据中国互联网报告显示,学生是网络应用的主体且远远多于其他类型的人群,占30%以上。法律规定,年满18周岁的中国公民不再受未成年人保护法的保护,在享受权利的同时也承担了更多的责任和义务。研究对象的扩大,有利于更多地了解青年群体公民意识的成长过程,更多地了解青年群体在公民预备阶段的参与意识、身份认同和参与行为。

第三节 研究目的与意义

从以上文献整理论述中可以看出,国内相关研究无论是在引介西方理论和研究方法方面,还是在宏观的理论构建梳理和微观的案例分析方面,都到得了长足的发展。可以说,现有研究在不同程度上推进了公民参与领域的知识积累与理论发展(郭小聪 & 代凯,2013)。但也应该看到,目前国内学界相关研究仍存在不足之处。

首先,在引介西方研究理论方面,不少研究仅停留在直接引用阶段,并未对所引理论进行相应的情境化应用分析,或并未结合中国现实状况和问题实现本土化理论的构建以及中西方相关理论的碰撞或对接。此外,现有研究多从政治学和行政学角度出发,以传播学为视角的研究还比较匮乏。这也反映出传播研究的定位问题。传播研究应该以媒介为主,还是应该泛指各种"沟通"? 因为一些文章确实涉及了人类沟通层面,但是否应将其定位于传播研究的角度? 香港城市大学李金铨教授在《传播研究典范与认同》讲座中回应了该问题,他认为传播学应以媒介为重心,但须把媒介联系到更大的政治、经济和文化脉络里,而不是封闭式兀自地关起门来"以媒介看媒介"。如果只囿圧在媒介系统内解释问题,就如同落入技术决定论的沟壑中,无法摆脱媒介中心主义的桎梏。视媒介为"重心",而非仅是"中心",是传播学研究的精湛之处。

其次,在研究方法层面,不少研究仅停留在一般性的分析层面。目前以"青年公民参与"或"青年网络政治参与"为主题的研究已有不少,但也应该看到,一些定量研究中的指标确定(predicators)和变量测量标准(variable measurement)缺乏足够的理论和实践依据;而一些研究虽然方法精深,但实际并不能有效地反映社会现实,正如中国传媒大学博士生龚伟亮在2011年复旦大学召开的新马克思主义新闻与传播学研究中心成立暨国际学术研讨会上发言时所说,"传播学研究首先需走出的两个泥潭,一是媒介中心主义的狭隘视野,二是'方法论拜物教'的食洋不化"。需做到方法为我所用,而不是我为方法所用。另外,国内现有的一些关于公民参与的案例或定量研究,在具体研究方法的使用上,存在很多不太规范的问题。有不少学者采用问卷调查的方法考察了我国公民的政治参与,以及互联网在推进我国民主化进程中的作用,但这部分研究大多偏重的是传统的政治参与,即参加那些直接影响政策或其他政治变迁的活动,而缺乏对于公民日常生活中对公共生活的参与、对公共议题的讨论或自愿获取公共知识和积极参加自愿活动等方面的研究,而这方面的公民参与既是"生活化政治观"(Bennett, 2008; Dahlgren, 2009)的实际体现,也是网络社会进程中公民参与方式和途径的变革。

最后,关于"Y世代青年"这个研究群体,国内有一些针对"大学生"群体的研究论文,对新时期我国青年公民参与或网络政治参与的现状、问题以及相应对策等进行了探索性的分析,在研究方法上大多采取问卷调查或访谈的形式。但此类研究大致存在两方面的问题:第一,对"公民参与"或"政治参与"概念的界定不够明晰。"政治"概念主要停留在传统党派政治,或以关乎国家政策和官员团体的政治为主,并没有根据社会和媒体环境的发展扩充相关概念,所以大多数研究得出大学生不关心政治、不积极参与政治的结论。第二,这类研究的理论基础仍有发展空间。一方面,需慎重引介西方理论,不可盲目地将其直接嵌入本土研究。另一方面,相关社会调查仍需对前人的研究作出更为详细的分析和归纳,研究变量的文献整理工作需要更加深入。

综合以上中西方的文献综述和分析,本研究的研究对象主要是城市中以学生为主的年龄在18岁至35岁的Y世代青年群体。Y世代青年是社会发展的重要组成部分,尽管他们大都在传统政治语境中处于边缘地位,但作为一出生就被各种数字媒介技术包围的一代青年,他们中有理想、有抱负的部分群体正用多种技术和实体资源为政策的合理制定、社会公共议题的有效解决以及整个社会生态环境的稳定运转贡献着自己的力量。现代民主参与型社会的构建不应忽视该群体的有益作为,应给予其进一步的帮助和引导。本研究旨在完善构建青年公民参与理论框架,在梳理总结西方有关文献理论的同时,进一步将世界理论前沿知识放在国内情境中进行验证和考量,一方面,总结前人的文献理论和实践根基,为后续研究提供充分的参考素材,构建完善数字时代青年公民参与的理论框架;另一方面,由于在不同的情境下,青年公民参与会产生不同的效果,而且影响青年公民参与的因素也不尽相同,故需结合研究对象的特征和所处环境背景进行具体案例调查研究。这既是对前人研究材料的具体实践,也是在特定情境中对此前素材的引申和发展。例如,本书最后两章会就当前 Y 世代大学生群体以及 Y 世代长期从事志愿工作的青年族群分别进行问卷和访谈的调查研究。

　　总之,本书没有仅仅停留在单一的实证研究层面。实证研究是为了发现相关理论知识在国内情境中的适用性和不足,目的是从学理层面打磨青年公民参与的理论研究厚度。正如学者阎学通所言,"本科主要是素质教育,而硕、博是专业教育,硕士阶段培养的是工作技能,而博士阶段培养的是学术技能。硕士注重学习普遍性的研究技能,需懂得基本的研究程序和常用的研究方法,如文献回顾、找到有意义的问题、提出假设、进行实证、得出结论;而博士教育重要的一点是寻找真理、发现规律、探索人类尚不知道的知识"①。本研究不以完成某项社会调查为最终目的,而是对专业领域知识的深度探索,需要围绕研究主题网罗一切国内外历史的和前沿的相关内容,建立起属于自己的知识体系,增加研究的厚重感和前瞻性。所以,本研究旨在建构起适合国内相关研究的理论和实践框架,在探讨本土研究同时,寻求全球范围内的对话。

第四节　研究架构与方法

　　本书第一章、第二章试图搭建起关于"青年网络公民参与"的理论框架和实践框架,第三章围绕国内实证调查研究展开,以期对前两章所建立的框架进行实践考察,在实际调查中将现实得到的结果理论化,对之前的理论和实践框架进行情境化的调整和说明,全书布局谋篇的思想脉络如图 0-2 所示。

---

① 节选自清华大学当代国际关系研究院院长、世界和平论坛秘书长阎学通教授在清华大学社会科学学院 2014 级研究生迎新会上的讲话《本科学习、硕士学习与博士学习的区别》,见 http://www.360doc.com/content/14/0916/18/202378_409971280.shtml。

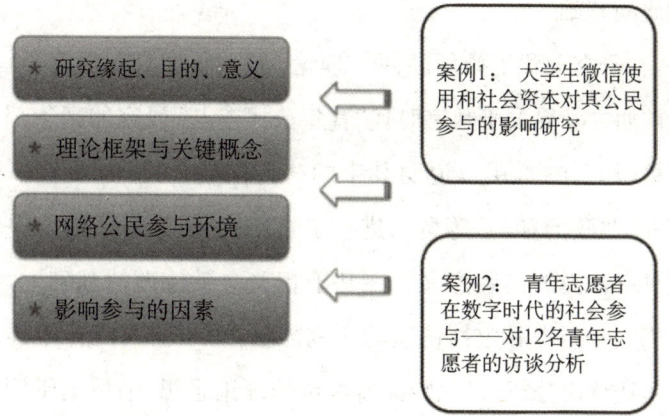

图 0-2　本书脉络

前两章的意义在于奠定其后实证调查的意义基础。比如,我们是否应该谈"民主""公民""参与",这在中国当前的社会情境中有什么意义？国内民众,特别是常被认为"对政治冷漠"的青年群体,在网络社会或数字时代有什么日益显见的社会作为吗？在国家和社会的不断发展中,是否有其参与的空间和领域呢？无论在哪个历史时期,无论处于什么样的国别情境中,青年都是社会进步的主体力量,也是最易被形塑的群体。纵观我国历史,无论是在革命年代,还是在和平时期,社会改革浪潮的前端总有着广大进步青年的身影。在如今"以经济建设为中心"的社会发展高速期,年轻一代既享受着改革开放的成果,也接受着来自教育、就业、医疗等诸多方面的严峻考验。社会焦虑和社会浮躁不断滋扰着人们的心境,在这种氛围中,身负着各种期望的青年是否丧失了"公共"意识,是否自我屏蔽了"参与"能力,是否对社会或政治议题漠不关心？在数字多媒体环境中成长起来的"Y世代"青年族群是以怎样的姿态参与到社会公共事务中去的？网络以及各种数字终端平台又在其中发挥何种作用？在林林总总的参与实践中,青年的公民意识、对公民身份的理解有了怎样的提高？以上种种问题都会在理论和实践框架章节中有所涉及,从思想价值、社会环境、参与条件、参与微观因素等诸多方面奠定实际调研的基础。

另外，本研究无意生搬硬套西方理论，更不会唯西方理论马首是瞻，只是想把当前西方学界关于数字时代"青年公民参与"研究的精华部分借鉴到我国的相关研究之中，用以说明其中的些许问题。比如，西方一些学者对"政治""公民""政治参与"等概念进行了重新定义，这对于当前中国的公民参与研究具有积极的借鉴意义。在基于相关文献梳理的基础上，本书最后一章分别用定量调查和定性访谈的研究方法，对当前国内青年群体的公民参与进行实践调研分析，以此验证前两章的理论思想，最后基于调查结果建构起适合我国情境的相关理论。

第一章 概念界定与理论框架

第一节 青年公民参与理论

一、西方公民参与理论综述①

21世纪的前十年里,西方学者赋予了"公民参与"一词太多的悲观情绪,他们认为人们对于公民参与或政治参与有种天然的疏离感,尤其是年轻人被他们视为政治冷漠最具代表性的群体(Peter Dahlgren, 2009; Bennett, 2008; Patterson, 2007; Pew, 2007; Wattenberg, 2007; Zukin et al., 2006),以至于那段时期被称为公民参与的寒冬(Peter Dahlgren, 2009)。

什么是公民参与?普特南将其定义为公民联系和参与志愿者组织、地方社区以及政治的活动。也有学者对"政治参与"和"公民参与"作了区分:"政治参与"指旨在影响政府政策或官员选举的行为(Delli Carpini, 2004; Zukin, Keeter, Andolina, Jenkins, & DelliCarpini, 2006);"公民参与"指

---

① 此部分已以《西方公民参与研究中的"新政治观"》为题名,刊登于《东南传播》2014年第5期,第6页。

旨在改善社会现状的具有集体意义的行为（Adler & Goggin, 2005; Zukin et al., 2006），包括志愿援助、公共议题的讨论、非政府组织的参与、有关公共利益的行动等（Nissen, 2010; Rasa Erentaite, et al., 2012）。"新新媒体""网络社会"时代的来临，让一些学者重新思考对"公民参与"一词的界定。彼特·莱文森认为公民参与是一个具有争论性的词，其定义应据我们观念中的理想社会以及个体的行为规范而发生改变（Peter Levine, 2008）。与之前把政治从"公民参与"领域完全抛开不同，兰斯·本奈特（2008）、彼特·道格兰（2009，2013）以及彼特·莱文森（2011）等学者认为政治一词的定义与时代背景相关。以前的政治概念是在传统的现代化语境下诠释的，当时的政治与党派、政府主导下的选举等行为有天然的联系。但自西方步入后工业社会（Inglehart, 1997）和网络社会（Castells, 2000）以后，人们有更多的渠道来表达自己的意见，能通过各种各样的媒体平台对公共议题进行集体讨论，整个社会以传播沟通为基础塑形重组。新环境下的"公民参与"与"政治"不应是绝缘体，应该是相互包含的关系。新的历史语境下的"政治"也不再局限于传统党派议会政治的范畴，而逐渐向与人们生活有密切联系的社会公共领域延伸。"参与"从社会中萌发（Nico Carpentier, 2011; Dahlgren, 2013），"政治"也具备了个体生活实践导向（Peter Dahlgren, 2013）。故，众多学者将公民参与冠以一些学术性的称谓，如"生活化政治"（Giddens, 1991; Bennett, 2008; Bauman, 2000; Beck & Beck-Gernsheim, 2002）、"天天政治"（Gerodimos, 2008）、"新政治""另类政治"（Peter Dahlgren, 2009, 2013）等。

（一）自我实现的"公民身份"

"公民"（civic）暗含着公共（public）的意思（Bennett, 2008）；"参与"的概念在社会科学中被用于不同的领域中，它随着所用环境的不同而发生变化。在西方后现代化语境中，"参与"一词的关键特征和政治与媒体相关，参与必须嵌入被延展的政治观中去洞悉（Dahlgren, 2013）。新的政治参与体验来源于日常实践，而数字化的媒体环境促进了公众，特别是拥有良好媒介使用技能的年轻群体步入公共空间的参与度和融合度。对于参与主体而言，选择怎样的方式来定义公民身份（citizenship）成为公民参与的关键（Bennett，2008）。

在西方工业民主时期，整个社会的齿轮是以经济为轴心旋转的，当西方世界步入后工业民主时代以后，如何进行信息管理成为核心议题。此前以群体为基础的社会结构逐渐向点与点连接的网络社会结构过渡，权威性的社会组织（如教会、党派等）赋予人们身份的职能在社会沟通交往中被渐渐淡化，人们越来越倾向于在广阔的网络社会中主动创造经营自身独特的社会和政治身份。也就是说，公民身份是动态发展的，不同的社会形态孕育出不同特征的公民身份（Lister，1997；Blaug，2002；Faulks，2006；Bennett，2009）。兰斯·本奈特用两种范式勾勒出西方公民身份在不断发展的社会媒体环境中的演变进程，分别是义务型的公民和自我实现型的公民，并从参与政府活动的责任感、政治参与的方式、对政治和媒体的信任度，以及参与社会活动的方式四个方面对这两种范式进行比较（Bennett，2008，2009）。在自我实现型的公民身份框架下的公民参与实践，摒弃了工业传统政治社会背景下批判公众政治冷漠的悲观情绪，给予信息化社会中的公众各自参与公共事务的足够认可，并且赋予公众构建自身社会身份的主动性。

（二）生活化的公民参与

社会细分（social fragmentation）和个体化（individualization）是当今西方后工业民主社会的主题，这种时代趋势在青年群体中更为突显（Beck，2006；Bennett，1998；Giddens，1991；Bennett & Segerberg，2011）。传统以群体身份（如党派、教会等）来组织公民生活的机制正在逐渐衰弱（Putnam，2000），社会中形形色色的个体越来越以各自的生活价值观来建构他们自身的政治观（Bennett，1998；Giddens，1999）。

生活化的参与方式也可以叫个人化政治（personalized politics）或 DIY 政治（Bennett，2012），它的产生与经济全球化背景下的社会变革密切相关，是当代以新自由主义为特征的全球经济转型的产物。这种社会变革不仅促进了工业生产领域的发展,促使服务业和信息业迅速增长,制造业的比例随之大幅下降(Beck,2006),还促使公共领域向私有化过渡(Hirschkind,2001:4;Meikle & Young,2012),这种公私相融的模式涉及教育、健康、能源及交通等领域,给置身其中的人们带来了压力和挑战。新自由主义经济体制不仅改变着全球经济,也通过向个体生活注入市场力量改变着国家间的基本政策(Bennett,2012)。

生活化政治是以个体为轴心的公民参与行为,它更侧重于个人的主观体验(Bennett,2012;Bennett Segerberg,2011,2012;Bennett & Toft,2009),在参与行为中融入了更多的个人主义元素。有两点值得注意:第一,被哈贝马斯认为是进入公共领域前提的理性讨论渗入了情感维度(Coleman,2013)。新的政治观不仅包含理性逻辑的分析元素,而且缠绕着人们的期望、焦虑等情绪因子,它们共同引领着人们的参与体验(Dahlgren,2013:25)。传统政治参与观引领下的公民社会(civil society)被视为是建立在国家、市场和私人领域间的一个公共空间,而生活化政治观作用下的公民社会更加侧重于民主社会中的民众按自身兴趣沟通、合作以及互动的自由(Dahlgren,2013:53)。第二,传统公共领域在社会和媒介环境发展中融入了消费主义(consumption)和大众文化(popular culture)。这里的消费主义指在商业逻辑引导下的社会参与(Dahlgren,2013:54)。有些用来界定政治行为的消费实践是直接的,如意在改变大公司政策的民众联合抵制,要求企业对环境和劳工负责;有些则产生间接影响,如通过运用各种个人化的技术通信手段来分享政治信息以及制造行为口号(Bennett,2012)。另外,大众文化也经常掺杂进消费行为,与公共领域交叠着促进着人们的参与行为,这种参与体验也被有的学者称为"文化公民身份"参与(Hermes,2005)。迷文化学者常引用"哈利·波特"系列小说具有激发青年人成为参与性公民的潜能为例来说明社会娱乐范畴中的政治参与导向;也有学者强调能启发公民成长的电子游戏也可以为公民参与搭建起桥梁(Kahne,Middaugh &

Evans,2008)。参与不仅包括在多种媒介平台上发言讨论,还涵盖视觉艺术、戏剧、音乐等多种形式的意见表达(Bimber, Flanagin, & Stohl, 2012)。

(三)网络中的"连接行动"

兰斯·本奈特指出,要搞清什么是公民参与,就必须理解两个关键的问题——什么是公民信息(civic information)？什么是公民行动(civic action)？诚如以上分析,新政治观引导下的"公民"一词具有了"公共"概念的延展性,传统社会范式下以群体组织为基础的公民行动也逐渐向社会资本的参与行为转变。卡斯特曾指出,社会政治网络会渐渐取代等级性的社会政治机构,成为整个社会的权力居所(Castells, 1996)。班克拉认为,尽管互联网是满载分散的节点和长尾的区域,但各种通信技术能将个体置于各自网络的核心,推动大规模的多媒体内容的再造和分配(Benkler, 2007)。

在此强调两个概念:集体行动(collective action)和连接行动(connective action)。前者强调组织性和领导人的重要性,一般为从上至下的传播模式;后者注重对社会中大量分散的个体简单思想进行集结,突出数字化网络行为的崛起(Bennett,2012)。集体行动到连接行动的转变是伴随着有弹性的社会弱关系网络的萌发而产生的(Granovetter, 1973),它使身份表达以及复杂多变的社会政治版图指引成为可能(Bennett, 2012)。集体行动需要建立在现代等级制度的社会秩序之上,它面临着搭便车的困境,也就是怎样让人们克服参与行动时参与成本高于边际补偿的难题(Bennett, 2012)。由于集体行动具有高度的组织性,所以对参与者的学历、抗压能力和社会化程度等方面有较高的要求(McAdam et al. 1996；Bennett, 2012)。连接行动偏重后现代化社会背景中在流动的社会网络(Castells, 2000)中分散的个体,它不需要高度的组织控制或象征性的集体标志,如"我们"(Bennett, 2012),主要突出个人行动模式以及媒体平台将大范围个体信息分享有效集合的连接力度。连接行动思想有两个重要的元素:第一,"连接"体现社交网络强大的连接力。从技术角度来看,"连接"(connectivity)有三个重要的现实基础,分别是平台(platform)、协议(protocol)以及接口(interface),而网络则由一系列相互联系的节点和关系线突显着"六度分隔"强大的延展力和集结力。但如果把社会因素考虑进去,则连接的三个现实基础与社会密不可分,社会实践越来越多地以平台为基础,影响着人们的日常互动和交互关系(Van Dijck, 2012),平台也逐渐被视为强化公民身份和集体参与的强有力的基础性设施(Benkler, 2006; Jenkins, 2006; Shirky, 2008)。社交媒体在媒体平台中最具参与性,文化研究学者特别强调凝结于社交媒体之上的参与性文化(Henry Jenkins, 2006)。相较于传统媒体的使用者,能娴熟运用新媒体技能的受众被称为"积极的参与者",其在参与性文化甚至融合文化(Jenkins, 2006)建构中的积极性和创造性得到了文化研究者的高度认可。

第二,连接行动反映着参与者的集中智慧(collective intelligence)和数字化故事叙述(digital storytelling)的能力。集中智慧并不是群体智慧的简单集合(the wisdom of crowds, Surowiecki, 2005),群体智慧强调相互隔离的个体简单想法的输入,但这种散乱意见的汇集缺乏一定的深度和影响力,而集中智慧则侧重于知识生产的过程(Jenkins, 2006),比如维基百科。众人智慧的不断凝聚也会推动各种公共议题的解决,这也是连接行动在社会民主进程中的价值体现。此外,数字化故事叙述主要强调社会中的个体运用各种数字通讯媒体设备来分享他们生活经验和故事的能力。这种能力会激发个体自我实现的潜能,拓展个体公共参与的方式,提高参与的广度和深度。这种参与更为便捷和形象化,也更能贴近个人的生活体验,有效地提高公众参与社会公共事务的兴趣,也相应地提高了公民的社会责任感和公民身份自我实现的成就感。

通过以上论述我们可以看出,近年来,随着信息技术的不断发展和网络社会的崛起,传统的公民参与冷漠观已经渐渐被新政治观指引下的公民参与思想所代替,众多西方学者更愿意结合新的社会和媒体环境来重新思考政治、公民以及参与的概念。新政治观扩大了传统理念中的政治概念,有机地注入了个人主义和社会民主性元素,提高了媒体在构建参与型社会中的作用力,塑造了一种生活化的政治参与理念,提高了个体在社会民主参与中的积极性和创造力。新政治观对社会公众参与特别是青年参与的各种乐观化思考对公民意识的培养、公民教育的进步、社会的有效治理都有积极的意义。

二、DIY政治:Y世代青年在数字时代的社会参与[①]

青年,特别是被称为Y世代(Generation Y,Ruth Bolton et al.,2012)或千禧世代(Millennial Generation, born between 1980 and the late 1990s, Bennett,2007;Newman,2013:219)的青年,常被人们认为是政治冷漠(disengagement/civic apathy)最具代表性的群体。青年被认为对政治有天然的疏离感,"单调"是他们用来形容政治的专有词汇(Coleman,2007),他们常忽略那些和自身无关的政治文章或电视新闻。在社会化过程中,父母也希望子女少谈政治。另外,由社会细分下的多元文化和消费主义带来的信息娱乐化不仅影响着民主进程的效能,也在一定程度上阻碍了青年的社会公共参与(Dahlgren,2007:5)。青年对政治和社会参与的减少曾一度被众多西方学者视为代议制民主的危机(Deutsches JugendInstitut,2003)。但随着全球化、信息化及众多国家后工业时代的逐步深入,整个社会的各个方面都在经历着转型和重组。兰斯·本奈特(Lance Bennet,2008)、彼特·道格兰(Peter Dahlgren,2009,2013)、索尼亚·利文斯通(Sonia Livegstone,2007)、彼特·莱文森(Peter Levine,2008)等学者都趋向于用积极乐观的角度来看待青年的社会政治参与,提倡应结合时代背景重新诠释"政治""参与"以及"公民身份"等概念。本书归纳整理了近几年西方青年社会参与的相关文献,从青年参与的"新政治观"、"公民身份"的转型,以及参与方式的

[①] 此部分已收录进2014年10月在上海举办的ICA国际传播学会议论文集,并收录进《大数据时代的传播创新——首届上海交通大学ICA国际新媒体论坛精粹》一书,该书由上海交通大学出版社于2015年出版。

多样化三个维度来深入解析该研究领域在当代的理论发展趋势,结合当代中国社会和媒体发展动态,为国内的有关研究提供理论参考。

(一)青年参与的"新政治观"

青年是需要公民参与的,通过参与,个人可以将自己的兴趣爱好融入社区团体,通过参与积极建构自身社会身份(Barry Checkoway,2013),这种参与也可以有效地锻炼青年的领导能力(Cammarota & Ginwright,2007;Colby, Beaumont, Ehrlich, & Corngold, 2007; Flanagan, Syvertsen, & Stout,2007),促进个体成长(Yates & Youniss,1999)。"公民"暗含着"公共"的意思(Bennett,2008)。"参与"一词在不同语境中的释义会有所不同。从传播学的角度来看,"参与"一词的关键特征应与政治和媒介有关,它在观念上与政治和民主相连,而政治总是根植于广博的社会环境之中(Dahlgren,2013:20),总是萌生于广泛的沟通理解过程之中(Dahlgren,2013:46)。也就是说,政治参与本质上是一种基于人们相互沟通交流的社会行为,而媒体尤其是社交媒体起到了电子润滑剂的作用(Dahlgren,2013:46)。这里强调的是政治议题的拓宽,工业时代的政治概念是在现代化语境下诠释的。对政治的理解总离不开严肃的政党和国家机关组织,诸如环境、信息技术、健康等关于生活方式的选择的议题则被潜在地归类到社会或文化范畴(Kim,2012),但自西方步入后工业社会(Inglehart,1997)和网络社会(Castells,2000)以后,人们有更多的渠道对公共议题进行意见表达或参与集体讨论,整个社会以传播沟通为基础塑形重组,新的历史语境下的"政治"不再局限于传统党派议会政治的范畴,而逐渐向与人们生活密切相关的社会公共领域延伸,比如,能反映长期环境关怀的日常消费选择、有关科技对个人生活产生直接影响的政策讨论(Kim,2012)。另外,20世纪80年代,以新自由主义为特征的全球化经济转型不仅引发了生产领域的调整和资源重新分配,还促进了公共领域的私有化过渡(Hirschkind,2001:4;Meikle & Young,2012)。这种席卷全球的社会变革风暴给置身于其中的人们尤其是青年的身心带来极大的考验,他们的工作和生活方式逐渐受到市场力量的冲击,这也是青年对传统党派政治活动参与度低的原因。

如果说传统政治机构和组织中逐年降低的社会参与(Putnam,1995)常被诟议,那么在新的社会生态环境下,也有相当一批学者注意到由弱关系维系的、非正式的在网络渠道上进行的议题导向的社会参与行为(Beck,1999;Dalton,2000;Kim,2012)。对传统党派政治兴趣锐减以及对各种媒体平台操练娴熟的当代青年被看成是这种参与行为的主导力量,他们倾向于运用较为松弛且去中心化的网络来开展一些非正式性的参与活动(Norris,2003)。如今,众多政策的议定超越了代议制民主讨论的范畴,更多地来自社会个体在各自生活体验的各个方面所作出的选择,从某种程度上说,"个体是政治化的"(Giddens,1991)。"参与"从社会中萌发(Nico Carpentier,2011;Dahlgren,2013),"政治"也具备了个体生活实践导向(Dahlgren,2013)。众多学者将这种游移在公域和私域间的参与行为冠以一些学术性的称谓,如"生活化政治""DIY政治"(Giddens,1991;Bennett,2008;Bauman,2000)、"亚政治"(Beck,1997)、"后唯物主义政治"(Inglehart,1997)、"天天政治"(Gerodimos,2008)、"新政治""另类政治"(Peter Dahlgren,2009,2013)等。

(二)"公民身份"的转型

对于青年群体而言,怎样建构个人社会身份是一个重要的课题(Erikson,1950,1968;Elisabetta Crocetti,2012),这也是促进青年提升公民意识、积极进行社会参与的重要动力。许多研究学者已经对青年公民参与中身份建构的重要性进行了研究。西方进入后工业社会和网络社会以后,世界经济生产和资源分配经历着大规模的重组,市场力量伴随着私有化和个人化的浪潮遍布各处,个体生活也逐步失去标准,个人有了比以往更多的空间和机会描绘能反映自身特征的社会名片(Bennett,2009)。吉登斯指出,个体社会身份的建构过程已经改变了,也就是说,公民身份是动态发展的。兰斯·本奈特指出,置身于社会和媒介变迁进程中的青年人开始较少地以一种义务被动的心态去参与诸如公民正式团体或党派机构组织的社会政治活动,他们的注意力开始向生活化的政治参与倾斜,因为在这种参与过程中,他们的个人表达以及自我实现的成就感或归属感会得到较大程度的实践和体验(Bennett,1998,2009)。生活化政治观是对社会政治参与兴趣重建的呼唤,它也在个人和集体身份、公域和私域、宏观和微观间形成新的纽带(Kim,2012)。而建立青年生活化参与的理论需要认识到青年公民身份的转换和发展(Bennett,2013),具体而言,也就是从义务公民(dutiful citizen)到自我实现公民(actualizing citizen)的过渡转型(如表 1-1①)。在自我实现公民身份框架中的公民参与实践,摒弃了工业传统政治社会批判公众政治冷漠的悲观情绪,相对肯定了以社交网络为核心的新媒体平台在公众社会参与中起到的积极作用,更赋予了当代公众构建自我社会身份的主动性。

表 1-1　青年公民身份的转换对比

自我实现公民	义务公民
个人目的和意识增加	参与政府主导的活动的责任感
参加更多带有个人倾向的活动,如消费、社团志愿者活动或跨国实践等	选举是各种民主行为的核心
大众传媒的负面环境使得个人对媒介和政治活动的信任度降低	个人通过大众媒体了解政治社会信息或公共议题
个人更倾向于参与由松散网络推进的社团活动,通常由互动信息技术支持的弱关系网络构成基础平台	个体加入公民社会,或通过党派政治活动表明自己的立场,而这个沟通通常采用传统的单向传播方式

自我实现的公民身份概念从本质上是肯定个人化的主体社会实践(Bennett,2012;Bennett and Segerberg,2011,2012;Bennett et al.,2011;

---

① BENNETT L.Civic life online[M].Cambridge:Massachusetts Institute of Technology,2008:14.

Dahlgren,2013:52)。个人的生活进程渐进地表现为自我反身思考的过程(reflexive projects),而传统的社会规范以及单位性的集体身份对个人的束缚力度正在逐渐减弱(Dahlgren,2013:51)。这种公民身份特征的转变是和后工业社会中不断突显的生活化社会政治参与体验相伴随的,生活化的政治拓宽了传统政治理念的内涵,个人的参与主题也更加直接地贴近他们的经历和能反映个体价值导向的生活方式选择(Kim,2012),如节约能源、交通出行、环境保护等和生活衔接密切的议题。有学者曾提出"议题型公众"的概念(Almond,1950;Converse,1964;Kim,2012),用来解释公众间存在态度行为上的多样性和不同的兴趣爱好,公众的社会政治参与程度会依据对不同议题的兴趣和理解产生波动,既突出了个人主体选择的能动性,也肯定了这种参与方式的效能。

自我实现的公民身份概念揭露了公域与私域的分界线逐渐模糊的事实(Dahlgren,2013:51)。私人领域开始渗入政治话题,而严肃的公共领域也渐渐融入消费主义和大众文化的支流。一些蕴含政治导向的消费行为正在攀升(Micheletti,2003;Barnett et al.,2010),而大多这种消费取向存在于在线参与体验中(Dahlgren,2013:52),消费者与公民的界限不再分明。此外,大众文化也与消费主义区域交相缠绕,渐渐与公共领域重叠(Van Zoonen,2005;Riegert,2007),共同对公众特别是青年的社会参与起着促进作用。

(三)参与方式的多样化

如果说 DIY 政治是以生活化的参与方式为路径,以具有社会属性的政治为参与对象,那么"千禧一代"的年轻人就成为了这种政治社会参与的主体力量。在媒体高度发达的时代,Y 世代青年的媒体接触是大大高于他们的父辈的(Newman,2013:219)。2013 年 4 月,皮尤中心发布的《数字时代的公民参与》报告显示,年轻人会和年长者一样进行政治参与,并且他们的参与行为更多地发生在社交网络平台,约 67% 的年龄在 18 岁至 24 岁的青年在调查前的 12 个月内用社交网络进行过社会政治参与。新媒体,尤其是以移动互联网和网络社交为代表的通信技术平台,对重新定义 Y 世代青年的公民身份和他们社会民主参与的学习实践起到了助推器的作用(Henk Vinken,2007)。参与型媒体包括博客、维基百科、RSS、Podcasts、社交网站、视频网站、微博客等多媒体平台。有着网络使用经验的青年可以用自己的方式来打包重组资料,用多媒体实践创造的方式来建构自己的平台信息且多维度地进行社会参与(Dahlgren,2013:101)。

当然,虽说多方研究表明,Y 世代青年的社会政治参与离不开多媒体环境的浸淫,但一味为数字网络的崛起讴歌,不免会陷入技术决定论的困境。有关网络公民参与和民主发展的研究一直存在着两种针锋相对的观点,其结论不是受到技术决定论(technological determinism)的桎梏,就是圈在环境决定论(contextual determinism)的迷宫,这两种偏执的研究取向被众多研究学者所诟议(Yang,2009;Castells,2009;Chadwick,2006)。杨国斌指出,无论是技术决定论还是环境决定论,都忽视了人的主观努力和实践(Yang,2009:10)。有两点值得注意:第一,有关青年公民参与的研究离不开线下参与者的作为。兰斯·本奈特指出,虽然年轻人被理想地想象为能熟练且有兴趣地参与各种各样的在线活动,但是"媒介参与"并不完全等于"公民参与"(Bennett,2008:4)。线下的社区活动(Godwin T. Apaliyah et al.,2012;Shah et al.,2001;Yong-Chan Kim et al.,2006)、社会化影响(Laursen & Collins,2009;Michelle J. Boyd el at.,2011)、社会资本(Joonmo Son,2007)、学校课外活动(Torneypurta et al.,2001;Youniss,2011;Flanagan et al.,2011)等也对参与者的线上参与以及持续性的参与行为有着促进作用和影响力。一些传播学者呼吁,公民参与是一个多维度的概念,需要从个人层面和环境层面结合起来研究(Friedland & Mcleod,1999;Pan & Mcleod,1991)。第二,公民参与的研究需融入历史观的思考(Dahlgren,2013:13),如对青年政治冷漠的批评。参与不会天然发生,年轻一代需要受到培养和教育才能激发起参与社会公共事务的热情,我们不仅要为了政治培养公民,而且也要为了公民完善政治(Bennett et al.,2008)。青年阶段是社会身份构建的重要阶段(Erikson,1968),当然也是培养公民意识及建立社会公共参与观念的黄金时期(Tenelle J. Porter,2013)。一个善治的社会需要多数人的共同努力(Peter Levine,2008)。青年公民的培育对于政府和公共机构社会治理成本的降低、社会公正和民主观念的推进以及社会公共事务或问题的有效解决都是有所助益的。

(四)对国内青年参与研究及实践的启示

青春时期是人生关键的转折期,也是青年认识自身价值、勇于承担个人责任和社会责任的黄金成长期。习近平总书记在2013年的"五四"讲话中提到,"青年兴则国家兴,青年强则国家强"[①]。出生于20世纪80年代后被称为Y世代的青年是社会的重要组成部分,加强其公民意识的培养使其主动参与社会公共议题的讨论,无论对其自身成长还是对社会进步都是有所助益的。换言之,青年是需要公民参与的(Erikson,1968),参与不仅是积极构建社会身份的重要途径(Barry Checkoway,2013),也是促进个人成长的过程(Yates & Youniss,1999)。从个体到公民的培养是中西方共同的社会需求,也是国家不断推进民主化进程的重要动力。

从理论应用的视角出发,上述西方青年公民参与理论(youth civic engagement theory)对国内相关研究具有一定的参考意义,但理论的应用需与其产生的社会情境相结合,既不能盲目地全部用西方理论来解释中国话语环境中的问题,也不应将与本土研究相关的西方理论统统束之高阁,而是需要注意理论情景化运用的相适性、理论所产生的历史和社会背景(Hu,Zhang,& Ji,2013)以及研究对象的大致范围。就理论滋生环境而言,青年公民参与理论可以说是滋长于西方后工业和后现代社会环境的土壤之中,主要思想脉络是公民更倾向于参与能体现自我实现(self-actualization)的

---

① 习近平在同各界优秀青年代表座谈时的讲话[EB/OL].(2013-05-04)[2016-12-30].http://news.xinhuanet.com/politics/2013-05/04/c_115639203.htm.

DIY生活化政治(Kim,2012),而较少地介入有关传统等级制的政治组织活动(Inglehart,1997)。以城市学生为主体的Y世代中国青年生长于社会主义市场经济环境和全球化时代发展潮流之中,经济转型和资源重组在加快了中国跻身于世界舞台的脚步的同时,也相应地推进了西方现代或后现代文化对国内青年的影响。我国成功加入WTO,文化产业接轨世界市场之后,青年群体首先受到了全球消费主义文化和大众媒体文化的冲击。新时代的年轻人与前几代人相比,将更多的热情投放在了消费主义、个人生活方式以及身份政治参与之上(Fengshu Liu,2012),因此被称为"新新人类"(neo-neo tribe,Tamara Jacka et al,2013:193)。对于青年而言,积极关注参与社会公共和政治议题,在社会的喧嚣和浮躁中积极建构自己的社会身份,在生活体验和媒介使用中参与公共事务,做一个有利于国家和社会的人,这对于个人和社会均有助益。在不断细分化的中国社会,日益膨胀的城市消费主义生活和网络社会使生活化的社会参与方式在青年成长中逐渐占有越来越重要的地位。

Web2.0时代,数字化技术的飞速发展使信息变得触手可及。如果说大众媒体时代"一点对多点"的单向传播方式在传者和受众间堆砌了阶层式的传播关系,那么"多点对多点"的网状数字传播格局的来临不仅为信息使用者提供了创造参与的可能(Bennett,2013:7),也使处于不同形态的个体私人领域延伸到了公共区域平台(Meyrowitz,1985),从某种程度上创造了社会民主化进步的契机,也提供了个人在各自生活状态下进行社会参与的共享空间。Y世代青年被誉为"数字化的一代"(digital native,Prenksy,2001:1;Seely Brown,2008),据第33次中国互联网络信息中心CNNIC的报告显示,中国网民已经达到6.18亿人,其中八成网民使用手机等移动终端上网,50%以上的网民常常运用社交媒体,而年龄在15岁至35岁之间的以学生为主的青年是主要的网络群体。作为网络主流用户的青年群体,虽然在现实生活中对意识形态、传统政治和社会话题较少参与且态度冷漠(Damm,2007;Rosen,2004,2009;Yan,2006),但是在如汶川地震等重大自然灾害事件、网络反腐监督、环境资源保护等问题上,却显现出了极高的参与热情(Lagerkvist,2009;Liu,2011;Yang,2009)。2008年北京奥运会期间,面对"藏独"分子以及反华势力的种种阻挠,青年网民自发组建网络社群联合抵御各种损害国家形象或破坏社会安定团结的滋扰和纷争。有学者认为这种存在于当代青年中的网络民族主义(online nationalism,Liu,2012)扩展了"政治"的内涵,使青年公民的社会参与具有了政治属性,是"新政治观"的有利体现。2010年舟曲泥石流灾害中第一时间用手机传递公共消息的学生王凯,2012年年底"表哥"事件中向地方政府申请公开官员工资的湖北学生刘艳峰,以及成千上万积极主动参加各类志愿活动且长期坚持社会公共参与的青年群体,他们的社会实践和积极作为表明能娴熟使用各式各样媒体技术的当代青年已经不再甘于沦为技术的附庸或沉溺于娱乐,而逐渐具备了利用数字媒体平台为现实生活服务的能力。

国内一些针对"大学生"群体的研究论文,对新时期我国青年公民参与或网络政治参与的现状、问题以及相应对策等进行了探索性的分析,在研究方法上大多采用问卷调查或访谈的形式。此类研究大致存在两方面问题,一是对"公民参与"或"政治参与"概念的界定不够明晰,"政治"概念主要以传统党派政治、关乎国家政策和官员团体的政治为主,并没有结合新的社会和媒体环境的发展扩充相关概念,所以大多研究得出大学生政治冷漠或不积极进行政治参与的结论。二是,这类型研究的理论基础仍有发展空间,一方面需慎重引介西方理论,不可盲目地将其直接嵌入本土研究;另一方面,相关社会调查仍需对前人的研究作出更为详细的分析和归纳,研究变量的文献整理工作需更加深入。

综上所述,Y世代青年是社会发展的重要组成部分,尽管他们大多可能在传统政治语境中处于边缘地位,但作为出生就被各种数字媒介技术包围的一代人,他们当中,有理想、有抱负的部分群体也正用多种技术和实体资源为政策的合理制定、社会公共议题的有效解决以及整个社会生态环境的稳定运转贡献着自己的力量。现代民主参与型社会的构建不应忽视该群体的有益作为，应对其给予进一步的帮助和引导。广大青年也要坚定自身的理想信念，积极践行社会主义核心价值观，充分利用社会主义市场经济发展的良好环境以及不断更新的媒体技术，主动参与社会公共生活，这是青年实现自身理想的有益实践，也是青年构筑中国梦的朝气之旅。

三、西方青年公民参与理论在中国的情境应用分析①

从以上理论归纳中我们可以分析得出，西方公民参与理论主要强调三方面：首先，该理论是滋生和成长在西方后工业和后现代的社会环境之中的，而在现代化情境中的关于青年不参与或政治冷漠的悲观言论在当代社会已日渐式微。其次，出生于20世纪80年代后被称为Y世代的青年中的部分群体正努力为整个社会生态环境的稳定运转贡献自己的力量，该群体的作为不应被忽视。最后，丰富的媒介资源与当今青年的社会参与能动性和主动性有天然的联系。私域和公域的共融互通、生活化政治参与的逐渐增长，和日渐融合的媒介环境与现实生活的相互嵌入息息相关。以下部分将从这个三方面一一比照中国的社会现实，对西方青年公民参与理论在中国相应研究中的情境进行深入分析。

（一）理论滋生环境分析

理论的应用需与其所产生的社会情境相结合。若盲目地用西方理论解释中国话语环境中的问题，会出现各种问题，但也不可将其束之高阁。中国传播学者在引用借鉴西方发展成熟的理论和研究范式时，应首先将其"本土化"，需要理解注意理论所使用的历史和社会背景（Hu, Zhang, & Ji, 2013）。青年公民参与理论滋长于西方后工业和后现代社会环境的土壤之中，其核心观点是公民更倾向于参与能体现自我实现（self-actualization）的

---

① 此部分已刊登在《中国青年社会科学》（原名为《中国青年政治学院学报》）2014年第6期。

生活化政治(Kim，2012)，而较少地介入有关传统等级制的政治组织活动(Inglehart，1997)。相应的，我们需要审视该理论环境在中国是否有存在的空间，分析视角可以导向两方面：一方面，参与问题常常被安置在广博的民主图景中进行探讨；另一方面，学界也有共识——民主需要人们的参与(Dahlgren，2013)，所以先就民主在中国的生存空间进行简要分析，即社会主义民主对青年公民参与的容纳接受程度。

从古至今，中国人就尝试以各种公民参与方式来实现共同的民主理想(Jun Li，2009)。"每个人都有追求美好生活的义务和权利"的儒家思想被视为中国历史上公民价值观的核心(Jun Li，2009)。其实，无论是西方还是国内的学术界，对于民主议题，特别是对于公民社会和网络所带来的社会变革是否能推进国家民主化进程的问题，始终存在两种观点，正如伊利诺伊大学芝加哥分校的袁教授(Elaine Yuan，2013)总结归纳的两种分析语境和研究导向——"自由语境"(liberation discourse, e.g. Xiao, 2004; Zittrain & Edelman, 2003)和"控制语境"(control discourse, e.g. Damm & Thomas, 2006; MacKinnon, 2008; Marolt, 2001; Qiu, 1999; Taubman, 1998)，前者突出网络技术革新带来的自由，而后者重在诠释国家对社会的把控力以及双方的博弈程度。刘凤书(Fengshu Liu，2011)曾分析指出中国特色社会主义下的社会境况有双重现代性特点——经济自由主义(economic liberalism)和政治权威主义(political authoritarianism)。郑永年(2013)称，如要确切地回答中国民主问题，我们必须审视国家和社会之间的关系变革，得搞清楚国家怎样应时势之需合理地容纳了促进社会发展的民主元素，而又在确保国家主体地位的同时抵制了西方民主的负面影响。何力朝(Lichao He，2009)分析指出，中国国家和社会关系的进化是由自由主义发展浪潮和国家权威主义根基共同塑造的，公民社会的发展取决于国家在其中的角色和地位。正如众多学者分析的，中国的发展不会照搬西方的民主模式，但为了社会经济的持续发展以及政治合法性的有效巩固，国家会适应当前国情选择性地将一些有益的民主元素纳入社会发展体系，比如逐渐递增的公共和政治参与以及公共监督（Suisheng Zhao，2010），而青年对公共议题理性的参与是可以被纳入这些有益的民主元素之中的。

此外，以"新政治观"为导向的西方青年公民参与理论与西方后工业后现代化社会情境相适宜，Y世代青年将更多的注意力投向社会公共领域，这种"生活化政治"参与形式的增长可以说是全球化和去传统化（detraditionalization）相互作用的结果（Giddens，1994：246），是市场放松管制、社会细分以及社会经济和个人生活重组所带来的社会参与形式变革（Bennett，1998，2011；Giddens，1991）。后现代主义在中国的发展不能与其在西方的成长过程一以贯之，但是它有一定的社会应用范围。可以把中国的后现代主义视为社会经济转型的组成部分，它是嵌入新媒体信息技术快速发展、资本劳工的全球流动持续增长以及后福特式的弹性生产不断扩张的时代背景之中的（Dorlink & Xudong，1994）。鲁晓鹏（Sheldon Lu，2000：146）认为，后现代主义是"当前中国萌发的文化逻辑"。伊格利顿（Terry Egleton，1997）将后现代主义定义为资本主义晚期的文化，它经常被视为保守且激进的力量，而这种双重特征与当前中国的发展是比较贴近的。另外，后现代性的一个重要方面体现在个人化（individualization）的作用力（Dawson，2010），而新政治模式主导下的公民参与（Bennett & Segerberg，2011，2012）赋予了个体更多的主观能动性，更反映了参与对个人自身价值体现的深度和力度。新时代的青年人将更多的热情投放在消费主义、个人生活方式以及身份政治参与之上，不像20世纪90年代之前的青年族群对传统政治那样膜拜（Fengshu Liu，2012）。对于Y世代青年而言，个人化参与给了他们建构自我社会身份的可能，而在不断细分的中国社会，日益膨胀的城市消费主义生活和网络社会对身份政治的促进（Damm，2007）使个人化的社会参与在青年成长中占有越来越重要的地位。

（二）青年参与文化分析

"青年如初春，如朝日，如百卉之萌动，如利刃之新发于硎，人生最可宝贵之时期也。"①青春时期是个体认识自身价值、社会责任的黄金成长期。在此阶段，加强对青年公民意识的培养，主动引导其参与社会公共议题的讨论，无论是对青年自身成长还是对社会进步都是有所助益的。习近平总书记在2013年的"五四"讲话中指出："要用中国梦激发广大青年的历史责任感……倡导青年积极参加志愿服务，主动承担社会责任，以实际行动促进社会进步。"②青年需要公民参与(Erikson,1968)，参与是青年构建社会身份的途径(Barry Checkoway,2013)，也是促进其个人成长的过程(Yates & Youniss,1999)，从个体到公民的培养是中西方共同的社会需求。

被称为Y世代的中国城市青年群体，他们大多是家中的独生子女，不仅没有经历过父辈们所处在的革命战争年代的喧嚣，也没体验过食物匮乏、衣履褴衫、以温饱为目的的艰苦岁月，他们的家庭大多是中国新兴中产阶层中重要的组成部分(Fengshu Liu,2011:58)，有的生活富庶程度一点也不亚于发达国家中的同辈(Fong,2004; St-Maurice & Wu,2006)。由于1979年独生子女政策的颁布和实施，其后出生的孩子多是家中的"小皇帝"或父母的"掌上明珠"，父母对子女寄予了人生的期许和厚望，在物质及各种生活资源上倾尽所能给予满足，子女教育开支在家庭收入中所占的比重越来越大。③ 另外，与以艰苦朴素为生活信条的前几代人不同，"后毛时代"的年轻人已经成为被泛滥的消费主义文化洗礼的主流人群(K. Liu,2004; Weber,2002)。他们熟知各类时尚名牌，喜欢进口产品；同龄人的压力以及相互攀比的动力是刺激他们不断消费的潜在动力(Chee,2000; Fong,2004)。有学者通过对周杰伦粉丝群进行观察分析，认为粉丝基于自身愿望和兴趣组建网络社团且长期从事无经济利益回报的维护分享行为表明中国青年文化已经冲破了意识形态和教条主义的禁锢，新时期的青年文化正顺应世界经

---

① 陈独秀.敬告青年[J].青年杂志,1915(1).
② 习近平在同各界优秀青年代表座谈时的讲话[EB/OL].(2013-05-04)[2016-12-30].http://news.xinhuanet.com/politics/2013-05/04/c_115639203.htm.
③ 家庭教育花费几乎全用在孩子身上[N/OL].中国青年报,2006-01-23[2016-12-30].http://news.sina.com.cn/c/2006-01-23/03388053320s.shtml.

济文化潮流潜在地发生着改变(Fung,2009)。其实,正如学者亨利·詹金斯(Henry Jenkins,2012)所说,粉丝文化也是激发青年公民参与的重要因素之一。还有学者认为,电子游戏也可以激发年轻人追逐其公民身份的潜能(Kahne, Middaugh, & Evans, 2008)。

中国Y世代群体的另一个显著特征与西方同龄人一样,即他们都是"网络族群"(Tapscott, 1998),他们是伴随电子信息技术和网络通信传播技术成长的一代,是"媒介精通者"(media savvy),他们痴迷于前沿信息技术产品,醉心于不断更新的"酷"迅传播方式(Lim, 2008;Wang, 2008;Liu, 2011:59)。生活在"地球村"中的青年所接受的国际化影响与日俱增,他们掌握了更多的信息选择权和媒介生活自治权(Paul Clark, 2012:3),日本动漫、韩剧旋风、美剧经典以及中式古装戏等多种信息充斥着年轻一代的生活。媒介内容也是现实生活的写照,以青春剧为例,如果说20世纪90年代至2000年年初如《流星花园》《情深深雨濛濛》之类的青春偶像剧是在书写俊男美女至死不渝的爱情,那么2005年以后的《奋斗》《杜拉拉升职记》等则是在讲述青年如何迎接职场挑战、努力拼搏的励志故事。之后,随着经济全球化进一步深入,以新自由主义为口号的市场生产和资源分配不断进行大规模的快速整合和重组,成千上万的青年承受着职业和生活的双重考验,社会分化加剧。在此背景下,一方面,《蜗居》和《裸婚时代》等反映青年人困境的电视剧陆续推出;另一方面,《中国好声音》《中国好舞蹈》等选秀类节目以及《非你莫属》《职来职往》等求职类节目开启了平民通向梦想的命运轨道,宣传积极向上的"正能量"。可以看出,媒介内容的生产和伴随媒介技术发展而成长起来的Y世代族群的波澜起伏的人生交叠映照,媒介不再只是单方面的让人娱乐的工具,更是贴近生活、鼓励参与的社交互动平台。

(三)媒介生态环境分析

从社会变迁的角度来看,Web2.0时代这种崭新的媒介生态首先引起了中西方关于媒介与民主关系的讨论,各方学者的观点不一,持怀疑态度的一方认为,一味地认为媒介的变革有助于社会关系民主化转型的观点具有技术决定论的偏颇,需认清网络的现实图景以及社会和政治动态应由多种因素促成的事实(Loader & Mercea, 2012)。也就是说,同样的技术在不同的历史和社会情境下会产生不同的社会影响力,要审视网络的社会功效,需要先看网络被应用的具体情境。针对中国网络生态,很多西方学者将关注点放在政治对网络的规制问题之上(Kluver & Yang, 2005),如有些学者用"网络权威主义"(Mackinnon, 2011)来形容这种受到某种程度管制的中国网络环境。胡泳认为:"自媒体火爆之时也存在两大风险,一是被商业买通的风险,二是被权力取缔的风险。"①但纵观现实情景,媒介技术的发展让人们拥有了越来越多的平台进行意见表达、观点讨论以及参与各种类型的活动。尽管有网络规制,但大多只是对某些危害社会稳定的信息或子虚乌有的谣言进行管制,而且网民也具有各种不受管控的手段(Yang, 2003)。虽然公共领域会有受到政治和经济侵入的风险,但仍不应该忽略人们主动参与公共实践的意义,不能轻易忽视网络公民参与所带来的重大社会变革(Damm, 2007; Tsui, 2005; Yang, 2009; Wallis C., 2011)。

随着互联网用户的不断攀升,"网民"作为一个新的社会群体受到各界越来越多的重视。作为"网民"主要构成群体的青年,虽然在现实生活中被评价为对政治"冷漠",但在不少重大自然灾害事件和社会事件中表现出了极大的参与热情。这种现象,一方面提示我们需要以一种更加广博的眼光来重新诠释"政治""参与"等关键词。数字技术特别是移动互联网已经渗透到人们的日常生活中。CNNIC 报告显示,75.6%的用户每天使用手机上网,其中,阅读新闻资讯、赏析小说文学以及进行微博社交成为他们的核心诉求。②从某种程度上看,媒介用户碎片化的媒介使用和非正规、个人化的参

---

① 胡泳.自媒体的探索与冒险[EB/OL].(2014-05-09)[2015-03-02].http://huyong.blog.sohu.com/302943792.html.
② CNNIC.2014 年第 33 次中国互联网络发展状况统计报告 网民互联网行为篇(5)[EB/OL].(2014-01-16)[2015-03-02].http://www.199it.com/archives/187953.html.

与趋势说明公域和私域已经开始相互交融，以媒介为参与空间的各种有益于国家和社会的言行也具有了提高公民意识的功能和"新政治"的属性。

另一方面，虽然说数字媒体技术与"个人化"的社会政治参与有着天然的联系（Bennett，2013：5），但并不是说技术本身提高了年轻人的公民意识和参与行为（Livingstone，2007；Yang，2009）。线上世界脱离不开充盈的线下生活（Calenda & Meijer，2009），线下社区活动、学校课外运动、家庭教育、社交圈等因素为青年的社会参与提供了资源和能量。例如，2008年北京奥运会期间，"藏独"分子活动猖獗、国际火炬接力受阻、CNN记者发表反华言论等突发事件给中国的国际形象以及奥运会的平稳筹办造成了不小的影响。对此，2.1亿青年网民自发组建网络社群抵御各种企图分裂祖国、损害我国国家形象的滋扰和纷争。学者刘凤书认为，这种存在于当代青年之中的网络民族主义扩展了"政治"的内涵，是"新政治观"的有力体现。又如在2010年8月舟曲突发的泥石流灾害中，19岁男孩王凯在第一时间担当起公民记者的职责，他用手机微博记录了灾情到来的紧急一刻，及时准确的报道引起了各方对灾情的高度重视，也成为许多传统媒体报道的源素材。另外，2012年年底的"微笑表哥事件"在全国掀起了一股网络反腐热潮，其中有两个环节让人印象深刻。一是表业和奢侈品行业专家自发对手表进行估价；二是湖北学生刘艳峰向地方政府申请公开官员工资的举动，将网络反腐引向对政府管理体系的思考。这两个环节说明线上参与离不开参与者线下的生活体验。有益于个体和社会的参与并不是盲目无知地起哄和围观，也不是毫无目的和根据地评论和转载，公民参与意味着社会责任的主动承担以及自我实现成就感的体验。

综上所述，理论的应用需与理论所产生的社会情境相结合。多数学者认为，在没有对研究对象和研究情境进行具体界定和分析的情况下，直接引用西方理论开展对中国的研究缺乏说服力。故本书从西方青年公民参与理论产生的社会环境、青年参与文化以及媒介生态环境三个方面结合中国实际一一进行了深入分析。虽然相关研究表明，这些具有良好教育背景且熟悉数字媒体技术的 Y 世代对传统政治信息或正式党政性质活动的参与热情逐年减少，但是越来越多的年轻人会结合自己所处的生活形态，主动参与一些社会公共政治议题的讨论和活动。也许这种参与大多发生在网络平台上，但是线上行为和线下体验是息息相关的，并且碎片化的个体参与实践也可能渐渐汇集成集体智慧，在这种积极且不受正式条款限制的参与空间中，参与者会有更多机会释放自己的潜能和才智。

第二节　相关理论扩展

一、相关民主理论思想流变

参与和民主直接相关。实际上，民主意味着一种参与，没有参与，就没有民主，参与是衡量民主的广度、深度和范围的核心指标（陈国营，2010）。达尔认为，界定什么是民主的一个重要标准就是参与（罗伯特·达尔，1999：43）。从宏观层面上看，公民参与理论是随着民主理论的演变而发展的。本节在挖掘与公民参与相关的民主理论时，也在为本研究构筑一个稳固且宏大的理论基石。如果说上节所论述的青年公民参与理论是本研究理论基础的微观层面，那么本节意在从宏观层面盘点与公民参与相关的民主理论和"公共领域"理论，此部分既是对之前理论的延展和补充，也是本研究的理论基调。以下笔者将对与公民参与理论相关的民主理论作出历时性的综述。

（一）古典民主与公民直接参与

从学理上看，民主和公民参与的理论渊源最早可以追溯到古希腊雅典的直接民主模式，即古典主义民主（陈国营，2010）。"民主"一词源于两个希腊文词汇，一个英译为 demos，意指人民或公民；一个英译为 cracy，意指某种公共权威或统治,二者相加,含义为"统治归于人民",更准备地说是由全体人民平等地、无差别地参与国家决策和进行国家管理(王绍光,2008:2)。

直接民主体制下,公民亲自掌握国家权力。以雅典为例,政府最高权力机构是公民大会(assembly)。当时什么样的人可以称为"公民"呢?亚里士多德在《政治学》中把"公民"定义为"有权参加议事和审判职能的人",即一是有权利参加审判,二是有权利参加统治。公民大会是雅典政体中最重要的机构,它不是由公民选举出来的代表组成的,而是全体公民都可以加入的机构。公民大会可以对雅典生活的方方面面进行讨论和决策,并没有严格意义上的"公"和"私"的区分,既包括战争、条约、外交、财政、法律等重大事务,也包括宗教、喜庆、摆渡等议题。只有年满20岁的雅典男子才可能具备公民资格,成年妇女并不具备公民资格。

古典民主参与理论的代表者是梭伦,他认为公民是积极能动的公民,关心政治,重视公共参与,承担责任,追求善和美德。而苏格拉底则反对这种形式的民主,其学生柏拉图主张精英民主。柏拉图在《理想国》里把人分为黄金、白银、铜铁三种特质,并主张贤人治国,政治需掌握在少数人手中。

(二)代议制民主与公民间接参与

十八、十九世纪,一种不同于古希腊古典主义民主的代议制民主(representative democracy)被提了出来,成为现代民主的主流形式,以洛克和密尔为代表。代议制民主是大众参与和精英统治结合起来的产物,国家事务是由"选举出来的代表"所决定的。该民主形式与精英主义民主、多元主义民主和多元精英主义民主相关。精英主义民主参与理论的代表人物有熊彼特、莫斯卡等。达尔是多元主义民主的代表人物,他认为,"民主理论是关于普通公民对他们的领导者施加一定程度化控制的过程"。代议制民主理论家认为,民主只是一种选择统治者的制度设计,政治和社会的稳定依赖于少数精英,之前的直接民主形式只适合规模小、人数少的国家,普通公众不是全都具备高素质和高程度的理性能力,过度或过泛的公民参与会使得决策效率低下，带来社会政治的动荡和不稳定。代议制民主催生了"政党"的出现，因为在直接民主中根本不需要中间媒介的存在，而间接民主形式则需要一个中介者充当各方利益的调和器，此时，选举成了代议制民主最主要的内容。

(三) 参与民主与公民直接参与的复兴

在民主理论演化过程中一直存在着自由主义民主和共和主义民主两种民主形式(陈国营，2010)。自由主义取向的民主典型表征是代议制民主，又称精英主义民主，倡导让有理性的少数人以公民代表的身份来进行决策和行使权力。但精英的利己、官僚作风的蔓延、政治生活的复杂性、选举的缺陷等问题，都让这种形式的民主受到越来越多的批判，也导致了这种民主越来越不合时宜。

共和主义民主包括直接民主和参与民主理论，主张公民对公共事务的积极参与。1960年，阿诺德·考夫曼最先提出了"参与民主"的概念，但其范围主要局限于校园活动、学生运动、工作场所、社区管理等区域。美国学者佩特曼在《参与和民主理论》中提出，真正的民主应当是从政策议程的设置到政策的执行过程中，所有公民都直接、充分地参与其中的民主。这一理论得到了哈贝马斯、本杰明·巴伯、罗尔斯等学者的支持。哈贝马斯提出了"公共领域"理论，认为在公共权力领域与私人领域的中间存在着公共领域，在公共领域中，公民可以探讨公共事务、参与政治。此外，巴伯在《强势民主》一书中指出，自由主义民主是一种弱势民主，存在内在的紧张，它的无政府主义倾向和现实主义之间是矛盾的，不太能形成有关公民资格、参与、公共利益和美德的坚实理论。巴伯指出，"强势民主"是以扩大公民对政治的参与为核心的。

(四) "民主"在我国的滋长土壤

谈到民主，不得不涉及意识形态的有关话题。本研究的意识形态导向是一种中道理性取向,抑或是一些学者口中所谈论的新保守主义,这种意识形态避免了极左或极右思潮的争斗,强调在现有体制内,实行渐进的社会变革,渐进地走向公民社会基础上的民主。这种思想在萧功秦教授的《超越左右激进主义》一书中有所论述。经验主义式的发展路径强调通过试错的学习过程来获得新的发展路径,在经验和试错中去找寻通往未来之路,通过试错来降低成本、降低风险,才是稳健明智的选择(萧功秦,2012:14)。在全球化发展的今天,与世界接轨、与全球同步是大多数国民的共同追求和期待,在这样的社会情境中,我们已经不再适合回到以往全控主义或全能政权(totalitarianism)的发展轨道,但也不能贸然地照搬西方自由主义的那套民主套路,最为稳妥的方式是先通过威权主义体制实现政治稳定,在此基础上,引导市场经济的繁荣发展,再逐渐实现与经济相适应的社会多元化变迁,以此发展公民社会,把民主作为前进的动力和目标(萧功秦,2012:9)。

信息技术对公民参与和民主政治的影响,已日益引起学术界的关注。信息技术的进步逐渐推动公民社会和公共领域的形成,从而使政治制度能够表现出真正的民主(郑永年,2014:109)已成为学术界一种常态的思维方式。我们应该意识到,多年来,中国公民发展出了他们自己的政治参与形式,特别是网络信息社会的来临使公民参与已经显著地发生于数字化公共领域。网络公共讨论或网络舆论场的形成,带来了一种社会压力,作用于政府的政策制定和实施。但是,西方的公民参与理论路径并不能简单地套用在中国的情境之中。首先,网络如何影响和作用于公民参与,取决于网络和当前政治制度环境之间的互动,并且互联网是否能促进公民参与,更多地取决于使用它的主体,而并非决定于其技术本质。比如,一些学者认为,中国政府对互联网实行审查和监管,那么公共领域的形成或公民参与的实践就会是虚幻的泡影,民众的言论自由就会受到绝对性的影响。但是,互联网的技术本质使威权主义国家很难做到完全干预和绝对性地控制信息的流动,而且信息技术的使用者在某些时候能轻松地跃过审查的边界。再者,现在政府采用的不再是强制专制型的外在控制,而是逐渐地将社会各方力量内化为自身的系统控制体系。其次,说到技术与民主,也不可简单地套用西方平等民主发展模式,应明晰"民主"从来不是有或无的问题,而是一个程度的问题(王绍光,2008:94)。学者郑永年认为,互联网是否能够促进中国的政治变革,取决于如何定义"政治变革",互联网并没有让中国复制西式的民主化,但是它通过两种方式极大地推动了政治改革:一是在社会群体发起集体行动时对他们进行赋权,二是创造机会让改革派领导人与公民社会形成隐性联盟(郑永年,2014:21)。

二、"公共领域"再思考

如今学术界只要谈到网络与参与、技术与社会、民主与政治等话题,"公共领域"或"公民社会"是不得不谈的理论概念。以"公共领域"为关键词在中国期刊网上进行检索,相关文章自 2006 年之后持续增多且保持每年 150 篇至 200 篇的发展态势,学者们从不同角度对公共领域理论进行了论述。有的从公共领域理论诞生的历史背景进行追述,有的对学界对该理论的批判、质疑进行了整理,也有学者从我国传媒实践出发,用公共领域理论分析解释各种社会现象和公共议题。很多学者认为,网络空间创造了中国式的公共领域或公民社会,为民主政治的中国化模式提供了发展空间。从宏观上看,关于"中国 Y 世代青年公民参与"的议题仍离不开技术与社会、参与和民主等常规范式和行文框架,但本研究无意于探讨被众多学者探讨透了的公共领域基础概念,而是在公共领域相关理论应用于中国情境可能性的基础上,分析该理论应用于本研究的契合性。

(一)"公共领域"理论的主要观点

当代西方最重要的思想家之一——尤尔根·哈贝马斯是德国法兰克福学派的第二代领袖,是"批判理论"和新马克思主义的代表性人物。其《公共领域的结构转型》一书一直是国内外学者学习公共领域理论的蓝本。1964

年,哈贝马斯在为该书作序的时候,规范地给"公共领域"下了定义:所谓"公共领域",指的是社会生活的一个领域,在这个领域中,公共意见能够形成,公共领域原则上向所有公民开放(Habermas,1991:1;严利华,2010)。首先,哈贝马斯提出的核心概念是"资产阶级公共领域"(bourgeois public sphere)。他认为,资产阶级公共领域是指介于公共权力领域与私人领域之间的一块中间地带,公民在其间参与公共事务,也可以说是"介于国家与社会之间并对两者进行调停的领域"。其次,哈贝马斯的"公共领域"有三个构成要素,即公众、"公共意见"或"公众舆论"、公众媒介和公共场所;有四种类型,即代表型公共领域、资产阶级公共领域、平民公共领域以及公共领域的福利国家大众模式(刘飞轮,2013)。公共领域产生的客观条件是国家与社会的分离,最初进行文学阅读的公众在咖啡馆、沙龙以及宴会等公共场所的探讨与辩论为政治公共领域的组建奠定了基础。随着公共领域与私人领域关系的转变,国家开始干预社会领域,而公共权力也向私人组织转移,社会的国家化与国家的社会化逐渐破坏了资产阶级公共领域的基础,造成其从结构到政治功能上的转型。

哈贝马斯的"公共领域",主要指的是随着国家和社会二元结构的解构,在政府、市场以及司法体系之间出现了一个可供人们讨论、争论的空间。这种争论空间有可能发生在现实的社会关系结构体系之内,有可能发生在虚拟的象征标志空间中,更多的可能发生在两者之间。在这个空间中,讨论、议论、争辩的主体是公民,个人或组织被赋予了公民身份,如企业公民、媒体公民、网络公民等,争论的主要是公共事务(师曾志 & 胡泳,2014:129)。宾夕法尼亚大学传播学系教授杨国斌指出,公共领域具备四个基本要素:第一,公众;第二,公众能聚合信息以及组织交流的空间;第三,沟通交流的媒体平台;第四,话语环境和要素。除了哈贝马斯所提到的能够进行理性辩论的空间外,还有利于公共意见表达和社会互动的空间(Benhabib,1995),集体身份建构的平台(Hetherington,1996),以及公民联系和公众抗议的空间(Evans & Boyte,1986;Polletta,1999)。

哈贝马斯的公共领域理论在媒介研究中受到的批判也是多层面的。有些学者对该理论的应用背景提出疑问，认为该理论对报业、资产阶级以及国家和公民社会之间关系的论述并不适用于当代，也不适用于不同的国家和民族情境。哈贝马斯基于直接民主形式的公民共和主义政治理想也受到质疑，批评者认为哈贝马斯的这种政治分析并不适用于复杂的现代化社会。此外，哈贝马斯对如性别、阶层、民族等一些变量的忽视也是显而易见的（Peter Lunt & Sonia Livingstone，2013）。另外，也有传播政治经济学派的学者指出，公共领域不仅仅与信息交流相关，也与媒介所有权相联系，公共领域既是过程也是空间。学者克里斯蒂安·弗克斯（Christian Fuchs，2014）指出，公共领域发起于人们争取获得一个更好的社会之时，人们在共创美好社会的过程中，共同促进了参与式民主的发展。

(二)公共领域理论应用于中国情境的可能性

学术界在公民社会的定义上存在分歧的原因主要有两方面：一是理论资源应用的不同。不同理论的资源，提供了不同的对公民社会解读的框架。二是公民社会受到民族国家历史、传统、文化等因素的制约，在表现形态上存在巨大的差异。如有学者认为，哈贝马斯所讲的公共领域这一观念基本上是西方历史经验与理论总结的产物，背后的历史逻辑是资产阶级的三权分立、西方的民主政治，在中国并未存在过直接的对应形态，我们不能不加批判地把这个概念套用到中国社会的分析之中（严利华，2010）。如何将公民社会研究的理论资源与民族国家历史、传统和文化等因素结合起来，是学者必须面对的问题。尤其是对中国公民社会的研究，如若仅仅从西方民主政治理论中的民主、自由、平等概念出发，必然会脱离中国的实际，也很难解释中国社会的发展。在全球化的今天，人们不得不对惯常思维下的民主政治模式、政治秩序等问题进行重新思考，人们在期待古老而又现代的中国对世界经济的发展作出贡献的同时，更期待中国能为社会发展提供新的理论资源。

公共领域的概念提出之后，很多学者开始关注我国建设公共领域的可能性。就我国是否存在公共领域的问题，有学者认为，中国目前的政治体制是威权性质的，公民社会没有自由生长的土壤。哈贝马斯在现代性背景下提出的公共领域理论，带有很深的资本主义烙印，它是从资本主义战胜封建主义的历史经验中总结出来的，其目的是为了关注资本主义的发展命运。我国是社会主义国家，从社会结构来看，我国并没有直接对抗的两个阶级。改革开放后，我国经济迅速崛起，人民生活条件不断改善，告别了阶级斗争，解决了温饱问题，人们的权利意识普遍觉醒，更多的人开始关注自身的权利。"在当代中国，市场机制和私人产权保证了个人能够独立自主地从事经济活动，追求自身的利益与价值，从而催生了一个与国家相对应的'私域'，进而在私人自主权的领域（市民社会）与公共权力（国家）之间，演化出了一个广阔的公共领域，这是一个无可回避的事实。"（刘丽娟，2013）随着改革开放的不断深入，在经济发展取得巨大进步的同时也产生了不少问题，社会发展面临着前所未有的困境，如风险社会的来临、新权贵阶层的兴起、政治利益与经济利益博弈成本的加大、市场机制实现的社会资源初次分配的效率与公平的不平衡性、社会贫富差距的拉大、各类群体性泄愤事件的不断发生等（师曾志 & 胡泳，2014：91）。随着经济环境的不断好转，人们的"公共热情"也在不断升温，因此，教育、医疗、住房、福利等社会话题，成了公众讨论的中心。对此，最有效的途径就是重构公共治理秩序，努力实现官民共治或国家社会的协同治理。公民参与是民主政治的基本要素，没有广泛的公民参与，就谈不上官民共治（刘飞轮，2013）。学者邓正来表示，中国现代化的终极目标之一就是要实现政治民主化，如果政治民主化没有市民社会作为基石，没有以多元利益组织为基础的公民参与作为结构性安排之一，是不可能实现的。

社会转型中公民意识的不断觉醒，为公众参与奠定了良好的基础。2008年被称为"公民社会元年"，在这一年中，全民对公共事务表现出的关注与关怀，让我们意识到国人的公众参与已具有了公民参与的味道，公民参与已越来越成为现代人的生活方式,公民社会在中国的产生和发展已成为不争的事实。"公民社会""公民"并非豺狼虎豹,没有必要谈虎色变。公民社会是善治的基本条件。当然,也得指出这里所倡导的公民社会或建立在公共领域空间中的社会参与上,其本身应是在政府控制范围内的。提倡有序发展公民社会与公民政治文化,从某种意义上说,也可以避免民粹主义的滋生,还可避免极左或极右等极端主义思维方式在社会矛盾激化时被不法分子所利用。故,我国现阶段是有公民社会或公共领域的生长空间和场所的,特别是网络技术的日益发达,为民众的社会参与提供了便利的平台,更为Y世代青年群体提供了了解社会、参与公共事务、提高公民意识的空间。公民参与不断地以一种常态形式渗入人们的日常生活当中,潜在地在全社会烘托出一种新时期的公民文化氛围,也使我国的社会主义民主政治建设事业不断向前推进。

第三节 关键概念

一、公民参与

公民参与的含义随着时代的变化、政治文化的不同,以及研究者研究侧重点的不同而不断变化。著名美国学者阿恩斯坦(Arnstein SR.)在1969年就指出,"公民参与是对公共权力的运用,它涉及权力和资源的重置,使得那些被排除在政治和经济过程之外的尚未享有公民权益的人能被包容在未来的发展中。它作为一种发展战略使得未享有公民权益的人能参与到信息分享、目标和政策确立的过程中……总之,公民参与是一种用以促进社会改革以使人们能分享富裕社会的资源的方法"(Arnstein SR., 1969:216)。美国政治学家罗伯特·普特南(Putnam, 2000)在其代表作《独打保龄球》(*Bowling Alone)中将公民参与定义为公民联系或参与志愿组织、当地社群以及政治活动的过程或行为。从广义上而言,公民参与意味着"旨在认知和解决公共关注议题的个人和集体行动"(APA 2012)。该定义将公民参与放置在政治和公民范畴之间,强调公民参与既包括诸如抗议的政治行为,也包括类似志愿行为的公民活动(Youniss et al.,2002)。

彼特·莱文森认为,如果我们在定义公民参与时仅关注什么是公民以及他们的职能如何的话,那么此定义必然仅应用于政治生活。陷入此种形式解释的公民参与就会仅从公民角度出发,意指公民旨在影响政府活动以及政策制定的行为(David P. Levine,2011)。学者阿耐斯坦认为,公民参与实际上是衡量公民权的一个等级术语,他列出了从不参与到参与的八层公民参与等级阶梯(a ladder of citizen participation),包括阶梯底层的控制(manipulation)和治疗(therapy);中间层级的告知(informing)、协商(consultation)和安抚(placation);高层级的合作(partnership)、代表型权责(delegated power)和公民控制(citizen control)。阶梯底层、中间层级和高层级分别对应着"公民不参与"(non-participation)、"公民参与表象"(degree of tokenism)和"公民权责"(degree of citizen power)。

学者陈国营(2010)指出,不同学者对公民参与的理解有所不同,给出了不同的定义。影响决策说认为,公民参与是公民影响政治和政策决策的行为。合法程序说认为,公民参与是指公民按照法定程序参与政治过程的行为。自觉说认为,公民参与是指公民自愿通过各种方式参与政治生活的行为,强调公民参与的自觉性和主体性。按此定义,公民被动的参与不包括在此列。行为—态度说认为,公民参与不仅包括公民的行为,还包括公民对政治知识的学习认知活动和政治态度。美国学者巴恩斯等人在《政治行动:五个西方民主国家的群众参与》一书中,就将公民阅读政治文章,即了解政治相关知识也视为公民的政治参与。普通公民说认为,公民参与指的是普通公民参与政治和政策过程的活动,不包括政府官员、政治家和政客等职业政治活动家的行为和活动。持此观点的学者有亨廷顿、纳尔逊等人。

青年的公民参与是特别重要的。因为青年群体处于"可塑时期"(formative years),在此阶段,与政治参与有关的习惯、态度以及价值观都会经历建构和重组过程(Sears & Levy, 2003, for a summary)。年轻人经常被认为是对政治事件、正统新闻、参与实体组织不感兴趣且被传统政体结构边缘化的群体(Bennett, 2008; Patterson, 2007; Pew, 2007; Zukin et al., 2006)。但是,如今的青年,特别是被称为"数字化一代"的Y世代群体,其实并没有脱离政治和公民参与实践。首先,当前信息化、后工业化社会环境给个人提供了更多的自主实践和自我抉择的机会,有时,体制的复杂性可能会导致传统政治参与的通道不畅,但是随着网络社会的来临及管制的放松,在实际生活中对政治和社会公共事务缺乏兴趣的年轻群体可能会采取一种边际成本低的参与方式,在与他们生活密切相关的网络社会中主动地参与社会事务、履行公民义务、进行意见表达。这种类型的参与可能并不是以集体状态进行的,而更多地体现出个人的主动性,更多地从个人的实际生活经验出发,注重自我意见和价值观的表达,比如,联合抵制(boycotts)、个体组织的抗议行为(self-organizing protests)以及在线政治话题的讨论(discussing politics online)等。正如前文介绍的一样,有一些西方学者将这种趋势的公民参与行为或活动称为"生活化政治"(Giddens, 1991)、"亚政治"(Beck, 1997)。其次,以西方经验得出的理论和逻辑不能轻易地用于解释中国的现象以及所存在的问题。比如,有学者认为存在于西方社会的公民离散(civic disengagement)就无法解释中国的现实状况,因为在信息技术的推动下,中国民众的政治参与正如火如荼地展开。但是,"解释中国"并不意味着要抛弃西方的经典理论,应看西方经典理论如何通过观察西方社会的现象从而得出令人信服的结果。而在向西方社会解释中国理论时应使用西方的术语、文献和观念,并对其进行重新定义,将其内涵"中国化"(郑永年,2014:11)。就中国社会情境而言,自改革开放以来,以政府为主体的政治力量开始逐渐赋予社会自制改革的空间。在社会建构的渐进期以及百废待兴的社会转型期,国家和社会的各项基础建设和体序制度方面都有待进一步改革和调整,互联网技术的发展和全球化进程的持续推进为国家和社会的时时沟通合作提供了可能。

关于"公民参与",处于不同社会背景和历史时期的学者给出的定义不尽相同,但越来越多的学术研究更倾向于赋予公民参与更为宽泛的内涵。早期学者要么将公民参与完全等同于政治参与,要么将二者截然分开。而随着政治和社会环境的变化、数字网络社会的来临,"政治"的定义已渐进地融入社会的范畴,社会公共行为也日益有了政治属性,相应地,公民参与不再仅局限于与公共事务或公共利益相关的领域。越来越多的研究者认为,公民参与也应包括传统的政治参与,即投票选举、政治性竞赛或游行抗议等与政府活动、政治决策或党派行为相关的活动。相应地,政治参与的定义也在这种趋势下摆脱了传统的限定范围而得以重塑。本书顺应当前的研究趋势,认为公民参与包括传统的政治参与,公民的社会参与行为具备了政治属性和意义,虽然传统形态的政治参与囊括在本书的公民参与范畴之中,但本书主要还是强调以Y世代为主体的中国当代城市青年探讨或参与社会公共事务、线上线下的参与实践以及参加志愿公益活动等社会公共参与。当然,本书也倾向于认为青年的社会公共参与蕴含着一种政治服务导向。

要了解什么是公民参与,首先要了解什么是"公民"。《中华人民共和国宪法》规定:凡具有中华人民共和国国籍的人都是中华人民共和国公民,公民在法律面前一律平等,任何公民都享有宪法和法律规定的权利,同时必须履行宪法和法律规定的义务。公民是国民与国家之间宪法性关系的产物,它与民主宪政有着直接的因果关系。宪法的基本内容是国家权力的正确行使和公民权利的有效保障。

"人民"强调的是集合性和社会成员所应履行的义务;"公民"则突出其个体性及与责任义务结合在一起的合法权利。公民是一个法律概念,是指具有一国国籍,并根据该国宪法和法律,享有权利并承担义务的人,反映了个人与国家之间的固定的法律关系。属于某一国的公民,就享有该国法律所赋予的权利,遇到问题时可以请求国家保护其权利;同时也要履行该国法律所规定的责任和义务,并接受国家的管理(师曾志 & 胡泳,2014:95)。

要深入理解公民的含义,需先了解公民权责(citizenship)和公民性(civic-ness)。公民权责又称公民权、公民身份,意指一个国家的宪法和法律对人权的确认。公民权责应包括三个方面的内容:第一,民权,民权是个人自由所必需的权利,并被法律制度化,如人身权和财产权等;第二,政治权,政治权保障公民对政治生活的参与,包括有言论、出版、集会、结社、游行、示威的自由,有宗教信仰自由,有选举权和被选举权等;第三,社会权,指的是公民拥有合适其生活水准的权利(师曾志 & 胡泳,2014:104)。在网络社会,随着网络舆论场的日渐成形,公民权的内容在网络公共空间得以延伸,不能仅从法律、政治等方面进行解读。公民权在网络舆论场中的边界日益消融,这其实和当下社会中公民性的体现有密切的关系。另外,据帕特南(R. Putnam)的定义,公民性也被称为公民精神或公共精神(public spirit),指在由公民组成的共同体(civic community)中,公民对共同体公共事务的积极参与,对共同体价值的认同和对公共规范、公共原则的维护。帕特南认为,在公民共同体中所表现出来的政治的平等和对公共事务的积极参与构成了共同体的"公共精神"(Putnam,2001:100-104)。

一些学者认为,当前中国还是一个威权的国度,整个社会属于"臣民社会",而非"公民社会"。但从政治社会情境的转变和民众公民意识的萌发两方面而言,当前人们的社会角色绝不仅仅是"臣民",他们的主动性和探寻身份的自觉性正在不断提升。首先,政治和社会的情境发生了转变。政治是"公共的","公民"的成长需具有公共参与的空间和情境。改革开放以来,中国在政治、经济和文化等领域大力改革创新,为社会公共或公民参与提供了可能性。经过多年发展,中国公民已探索出自己的政治参与形式。进入信息时代后,数字化公共领域的公民参与也开始出现,"强国论坛"的兴办、"孙志刚事件"引发的政策调整、大大小小网络反腐的成功,种种方面表明,网络参与从某种程度上促进了政府信息的公开、透明,公民在网络舆论场中对公共问题的讨论有助于促进政府决策的民主化改进和对现实社会问题的解决。当然，这些参与需是政府认可的，是对社会稳定、国民团结有益的。

其次，技术进步是促进公民参与的动因，参与行为本质上取决于运用信息技术的主体。个人的价值观、世界观、人生观等影响着他们在现实生活中的言行，也影响着他们在虚拟网络世界中的行为。虽然自从有"网民"参与各种大大小小的社会议事开始，对"网络暴民""愚民""民粹主义"的批判就没停止过，但是，随着政府网络监管的更为全面到位，网民登记参与的进一步有序化，以及参与者自身素质的提升，参与所带来的社会效益将日益显现。在网络社会，参与已经不再完全依赖于组织机构的动员，很多情况下的参与行为都是围绕着各种大大小小的"媒介事件"开展的。在媒介融合时代，融合的不仅仅是媒介设备，更是人们的意识和价值观念。人们可以通过各种各样的媒介终端平台展开对某一事务或议题的探讨，很多时候，可能是通过一个公共议题将使用不同媒介的人们连接在一起，而这种连接和集体意见的表达很大程度上促进了人们对感兴趣的议题的持续关注。2012年年底的"微笑表哥"事件，一开始就是由一张官员在重大车祸现场面带微笑的照片引起的，经网民人肉搜索和集体声讨后，原本对于官员道德的谴责很快地转换为对官场腐败现象的深度挖掘，从发现问题照片到拉"表哥"下马，前前后后仅用了3个月的时间。从此事件可以看出网民的参与和群策群力的智慧。"围观"不再仅止于娱乐，而发展为对真实的探索和对社会的改良，这个进程高度反映了当代中国公民的理性参与精神和公共服务态度。可见，社会政治环境的改善和网民素质的提高为公民社会参与度的提升提供了良好的条件。

二、谁是青年："Y世代"在中国情境下的解读[①]

近年来，国内经济飞速发展，数字媒体技术不断更新，全球化进程持续

---

① 此部分已刊载于《中国青年社会科学》2015年第4期。

推进,在此背景下成长起来的"80后""90后"青年时而被认为是缺乏社会责任感的"自我的一代",时而又被赞誉为社会持续发展的新生力量。越来越多的学者围绕Y世代群体进行各种社会调查,并提出了许多不同的观点和论述。

"Y世代"一词最早出现在1993年8月一本名为《广告时代》(AD Age)的期刊社论中(Pete Markiewicz, 2002)。关于Y世代年龄范围的界定至今在学术界还没有一个比较统一的说法,学者大多基于自身的研究取向和需求圈定研究对象,学者倾向于以社会发展阶段或重大事件来进行代际区隔和划分。如有学者用红卫兵(The Red Guards)、现代实践者(The Modern Realists)、全球物质主义者(The Global Materialists),分别对应"文化大革命"时期(1966—1979年)、经济改革时期(1980—1991年)和全球化时代(1992年至今)三大重要社会进程区段的研究对象(Hung, Gu, & Kim, 2006)。有学者将Y世代青年等同于"80后"群体(Liu Liwei & Zhao, 2008),也有学者宽泛地将出生于1978年至2000年间、成长于当代的青年都归为Y世代青年(Sima & Pugsley, 2010)。"Y世代"是源于西方的学术语汇,它的定义和特征是怎样的?该词是否适用于中国情境?Y世代的具体年龄段应该如何确定?本书将通过对文献的梳理,逐一分析和说明以上问题。

(一)"Y世代"概念的定义和特征

西方社会学者大多倾向于把20世纪40年代以后出生的美国人口划分为二战后出生的"婴儿潮一代"、20世纪六七十年代出生的X世代(Generation X)和Y世代或千禧世代。Y世代通常指出生于20世纪八九十年代、成长于当代的青年群体(Newman, 2013:219),这部分人群大概占美国人口总数的三分之一有余(Maloney, 2002)。这种人口划分方式大致基于两方面因素:一是人口群体因素,即出生在相同时间段的人们所经历的诸如婚姻、子女生养、教育等方面的生活轨迹和社会仪式是大体相同的;二是历史进程因素,即重大历史事件、自然灾害、经济萧条、变动的政治局面以及主流文化趋向等方面会对相应历史阶段中的人口特征有着重要的建构作用(Newman,2013:217)。但是,西方学术界对每个代际(generation)年龄起始阶段的具体划分并没有统一的说法,每个代际的年龄差距从5年到20年不等;此外,"代际"和"群体"(cohort)这两个术语经常被替换使用,造成某种程度上的定义模糊和概念混淆。学者乔治·马克(John Markert,2004)基于大量的文献梳理分析,指出了"代际"和"群体"的语汇差异。他认为,"代际"应该以20年区分间隔为宜,它是一个比较长的时间线,"代际"通常在时间段上要大于"群体"。"群体"的cohort一词源于拉丁语,指以10年为时间跨度的年龄区间分隔,此后由于市场经济因素的影响,也有了以5年为一年龄区段的划分说法。一个"群体"展现着某个生命周期的某种区别于其他生命阶段的特征,这种特征包括平均寿命、种族构成、特定年龄出生率、世界观以及自我观念等(Newman,2013:217)。"早期婴儿潮"(early-boomers born from 1946—1955)和"晚期婴儿潮"(late-boomers born from 1956—1965)两个时间段的人群在生活特性的很多方面是不尽相同的,可以被划分为两个不同的"群体",但都可以归为"婴儿潮一代"。

Y世代人群最显著的特征就是他们一出生就生活在充斥着电子信息技术的社会环境中,Y世代通常也被学界称为"数字原住民"(digital native,Prensky,2001)或"网络族群"(net generation,Tapscott,1998),也有学者将其称为数字公民(digital citizens)、数字青年(digital youth)、网络能者(net savvy,Levin & Arafeh,2002)或技术能者(tech-savvy)等。从普林斯基(Marc Prensky)最初创造性地使用"数字原住民"来定义Y世代青年始,就不断有学者使用意境相似的语汇进行学术研究和探索。普林斯基分别用"数字原住民"和"数字移民"(digital immigrant)来指代成长于网络社会且能娴熟使用数字媒体技术的一代和在生命发展历程中后期为了适应环境需要才学习使用数字技术的人群。这也可以作为对以Y世代为主体的当代青年和他们的祖父辈的区分。当然,普林斯基这种以技术环境为基础的代际划分说法在学术界也引起了质疑。有学者认为,技术使用能力其实并不是由年龄决定的,尽管年轻人的媒介接触度会高一些,但并不意味着他们天生就能熟练使用技术(Williamson & Hague, 2009)。也有学者认为,只靠长期接触电脑和网络就断定年轻人具有显著的与他们祖父辈不同的学习方式的说法过于绝对(Bennett, Maton, & Kervin, 2008)。但不管怎样,当代以 Y 世代为主的青年的生活环境确实比前几代人具有了更多的信息技术特征,所以有些学者为他们冠上了更加具象性的称谓,如"M 世代"(Generation M),"M"指代"media"(媒体);"V 世代"(Generation V),"V"指代"virtual"(虚拟);"C 世代"(Generation C),"C"指代"connected, creative and click"(连接,创造以及点击)。Y 世代青年会有效地利用社交网络等各种新媒体平台创建他们自身的朋友圈,以自己为轴心不断地组建和优化社会关系网。据皮尤研究中心 2014 年发布的关于"步入成年的千禧代"(Millennials in adulthood)的报告显示,81%的千禧代人群拥有 Facebook,而他们在 Facebook 上的朋友大概为 250 人,该数字远远高过前几代人(如图 1-1 所示);另外,55%的千禧代人群在社交媒体网站上传过"自拍照"(如图 1-2 所示)。自拍行为的广泛性以及年轻人对自拍的乐此不疲使自拍文化得以普及和流行,不断有新的人群融入该文化氛围,而"selfie"(自拍)一词也荣登 2013 年度牛津辞典热词榜单。

在西方情境下,Y 世代族群的另一显著特征就是他们比前几代人更愿意选择自由的生活方式(Pew Research Center, 2010),他们称自己为自由主义者(liberals),他们的父母大多出生于"婴儿潮"时代。大卫·福特(David Ford)第一次用"回声潮一代"(Baby Boom Echo)来指代该时期出生的人群,也就是后来被其他学者冠以"Y 世代"或"千禧世代"称谓的群体。大多 Y 世代群体之所以被认为是自由主义者,主要源于两方面因素:首先,与前几代人相比,他们的政治取向更为自由化。一方面表现在他们在政治议题上的冷漠倾向和潜在性的边缘化地位;另一方面,据 2014 年皮尤研究中心数据显示,Y 世代青年更加支持民主党派,宗教信仰比例呈下降趋势,仅 58%的 Y

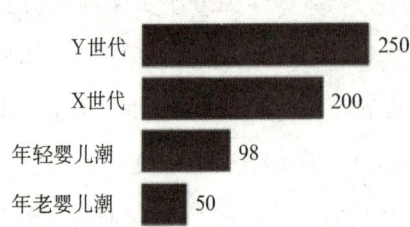

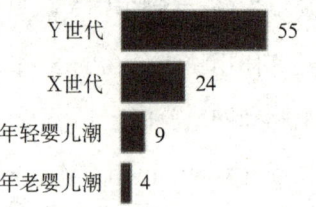

图 1-1　　　　　　　　　　　　　图 1-2

世代青年明确表示他们绝对相信上帝的存在,该比例比前几代人下降了15%左右。其次,Y 世代青年的生活方式更加自由,生活形式更为多样化,生活空间更为广阔。虽然该群体是首批享受到现代化生产福利的人群,但受全球经济和金融危机的影响,他们也经受着个人收入锐减、失业、贷款、学业压力等重重考验。Y 世代中的很多青年会选择推迟结婚、延长教育学时等;与前几代人相比,他们更易接受单亲母亲、未婚同居、职业妈妈、异族通婚以及同性恋等现象及行为方式(Newman,2013:220)。虽然 Y 世代青年时刻在和不断变化的社会环境角逐,且随时还得应对市场经济起伏不定的困扰以及全球化环境下外来劳工所带来的种种挑战,但他们却是对自身经济前景最为乐观的群体。据皮尤研究中心报告显示,持有这种乐观态度的 Y 世代青年比例高达53%。可能正是由于他们这种乐观的态度,其消费能力远远大于前几代人(Goldgehn,2004)。他们青睐于产品的多样性,同时也具备自我定制消费需求的能力(Tapscott,1999)。商业品牌对该群体具有十分重要的意义,在短时间内经过价值评估和性价检测进而锁定对某品牌的忠诚度对于他们来说可能是司空见惯的事情(Cheng,1999)。Y 世代群体更倾向于依照自己的意愿选择婚姻和事业,他们更愿意挑选自己感兴趣的学业方向,而非仅是为了找到一份工作而学习(Bolton et.al,2013)。

(二)成长于中国的 Y 世代青年

从以上对西方情景下 Y 世代青年的概述中我们可以看出,该群体是当代社会主要的生产动力,是受到重视和期待的群体,也在争议中面临着各种环境变动带来的挑战。虽然关于 Y 世代起始年龄阶段的界定多种多样,但大部分学者比较认同的说法是出生于 20 世纪 80 年代初至 90 年代末或 21 世纪初的成长于当代的年轻群体,这与学者马克将代际的时间区段界定为 20 年左右的分析结论是比较吻合的;而且,据 2014 年皮尤研究中心关于"步入成年的千禧代"的报告,报告中将该群体的年龄段界定为 18 岁至 33 岁;此外,美国新闻节目《60 分钟》(60 Minutes)也曾将"千禧代"定义为出生在 1982 年至 2002 年的人群(Trzesniewski & Donnellan,2010)。据以上论述,中国的 Y 世代青年应该是占当代青年主体地位的"80 后""90 后"群体。越来越多的学者开始对中国的 Y 世代群体进行各种学术研究,如西马和普格斯林(Sima & Pugsley,2010)通过调查中国 Y 世代青年使用个人博客进行身份建构和自我表达的方式,探寻他们的媒介使用动机,其调查报告将中国 Y 世代定义为出生于 1978 年至 2000 年的群体。学者刘凤书在其 2011 年出版的《中国的都市青年》一书中指出,中国当代青年是第一代经历改革开放的人群,在社会文化环境大幅度转型的背景下,他们正构建着和前几代人迥异的身份特征,进而获得了一些新的身份称谓,如"新新人类""Y 世代"以及"千禧代"等(Fengshu Liu,2011:57)。

但现有研究大多直接将"Y 世代"放入中国情景中使用,并没有结合国内社会现状对该语汇进行情景化的考量,故可以结合综上所述的 Y 世代普遍认同的年龄区间(即出生于 20 世纪 80 年代初至 2000 年年初的群体)以及部分学者已有的研究论述(如上所述,学者刘凤书直接把 Y 世代等同于中国当代青年),对于 Y 世代具体年龄段的探寻可以从国内研究学者对于"当代青年"的界定出发。在国内现有研究文献中,对当代青年年龄区间的界定一直争论不止,在中国知网中以"青年概念""谁是青年""青年定义"为关键词可以搜到已有转载量的文章十余篇,其中引用量最多的是学者黄志坚在2003年发表在《中国青年研究》上的《谁是青年?——关于青年年龄界定的研究报告》。该文指出,青年是少年和中年之间的过渡阶段,通过考量不同官方渠道对青年年龄区段的界定我们发现,青年年龄的下限大约在14岁左右,而上限竟然分散在24岁至49岁不等(黄志坚,2003)。青年定义的模糊潜在地给相应的学术工作带来了一定的困扰和混淆,学者普遍认为应把青年的年龄界定在14岁至30岁之间。而后,学者郗杰英和杨守建又在同一期刊上刊登了《"谁是青年"再讨论》,该文认为社会的进步和发展相应地延长了人们的学习时间,环境改善和医疗进步也相对地延长了人均寿命,当代青年年龄可以界定在14岁至35岁之间,可分为青年前期、青年中期、青年后期(郗杰英 & 杨守建,2008)。学者李毅红的《青年概念的当代阐释》一文认为,当代青年的内涵和外延均随着环境的改变而潜在地发生着变化,并且指出此前《谁是青年——关于青年年龄界定的研究报告》中将青年的下限定义在14岁的说法已经不能适应复杂变动的社会环境以及青年本身生理和心理上的内在改变,故该文将当代青年定义为处在身体发育已经成熟、人格基本形成和社会自立初期阶段的人,年龄界定在18岁至35岁之间。学者田杰在《"谁是青年"与"青年是谁"》一文中指出,在实际研究过程中,需要根据研究目的对"青年"概念进行再次界定,简单地将青年概念应用到不同青年群体的研究,或将国外青年概念简单地搬到国内实践中,都不是客观研究和本土化研究的应有之义(田杰,2007),这篇文章其实也指出了本书对"Y世代"术语进行话语环境分析的意义。

中国以"80后""90后"为主要群体的当代都市青年是首次享受改革开放和信息技术进步的一代,他们没有经历过革命年代的血雨腥风和水深火热,也没有饱受他们父母那辈人所品尝的文化摧残和自然灾难以及经济落后所带来的困苦,可以说大部分青年群体,有着与前几代人完全不同的生活形态和社会环境,他们一出生就享受到了改革开放所带来的富庶和愉悦。这一代年轻人有双重矛盾性的特征(Fengshu Liu,2009:76),在他们身上,物质主义和理想主义并存,国际性和民族性兼备,现代和传统并列,他们享受着丰富的物质的同时也经受着巨大的压力,他们面临着前所未有的时代机遇但也陷入安全感极度缺乏的困境。他们会被质疑垢议为自私叛逆、愤世嫉俗、实用功利且沉迷于网络游戏和西方资本主义文化的"自我的一代"(Me Generation,Rosen,2009);但世人也看到了他们在汶川地震等多次自然灾害中的努力,在2008年奥运会举办受阻时、钓鱼岛事件爆发时他们为维护国家利益和民族形象毅然挺身而出的勇敢,以及他们当中部分群体长期担当志愿者从而为国家公益事业添砖加瓦的坚忍和毅力。诚然,中国当代青年和西方的Y世代青年有所不同,但随着国家之间沟通的加深、全球化进程的加快和信息技术的快速发展,处于"地球村"中的年轻群体的个性特征和生存氛围日渐趋同,在生活节奏和生活方式上也会逐渐趋同。

(三)"Y世代"在中国情境中的应用分析

青年的发展和社会的进步之间是一个互动的过程(陈映芳,2007),也就是说,"青年"的意义建构既包含了自身的愿望和动机,也与历史进程和时代变迁的社会规定性有联系,青年的自我角色认同和社会环境期待密切相关。自近代以来,中国"青年"的角色意义就在不同的社会变革转型中锤炼成长,最初有梁启超的《中国少年说》;到新文化运动时期,青年有了表达自己价值观和主张的要求;再到"五四"运动时,青年有了敢于推翻封建礼法和家庭旧制度的勇气,他们对婚姻自由和经济独立等现代民主精神的追求和向往在中国青年史上写下了最为耀眼的篇章。此后,中国进入了战火纷飞、硝烟四起的革命年代,面对内部矛盾和外来侵略的双重生存压力,无论是被冠以"抗日青年""革命青年"还是"民主进步青年"的年轻人,他们都担负起了救亡图存、拯救民族以及建设全新和平国度的使命。中华人民共和国成立以来,历代国家领导人都对青年群体抱有很大的期望。1957年,毛主席在莫斯科高声宣言:"年轻人就像是早晨八九点钟的太阳……中国的未来是属于你们的。"2014年"五四"青年节时,习总书记在北大发表讲话:"青年是标志时代最灵敏的晴雨表,时代的责任赋予青年,时代的光荣属于青年。"十年文化浩劫使整个中国社会陷入了经济停滞、生存困顿和精神匮乏且被绝对权威捆绑的状态,改革开放新时期送来的春风则让各方恢复了生机,而最先领略到这种新鲜气息和精神养料的莫过于对信息变动有着天然触觉的年轻一代。改革开放初期的年轻人在历经了很长时间的文化沉寂后,适逢高考恢复和教育重建,许多人在"建设四个现代化"口号的感召下积极学习科学文化知识,而这代人现在已经成为当代青年的父辈。或许由于文化教育历程的残缺,或许由于体会到了知识殿堂的美好,当代青年的父辈大多都非常重视子女的教育问题,他们倾尽己能为子女提供舒适健康的学习和生活环境。学者斯坦纳特(Stanat,2006)指出,中国当代青年在时尚用品上的消费要远高于前几代人,而这些消费很大程度上是由其父母购买支持的。

  1978年开始实行的改革开放让中国迈向了通往世界强国之路。1979年开始实行的"独生子女"政策,让更多家庭把希望都寄托在孩子身上,"不能输在起跑线上""书中自有黄金屋""养儿防老""再穷不能穷教育"等成为共识。20世纪80年代以来,中国教育体制改革逐步推进,规模、方式、办学机制等方面都发生了翻天覆地的变化,扩招等政策的实行极大地刺激了家庭的教育消费,促进了家庭教育投入的扩大(李朝全,2007)。据《2011年中国家庭教育消费白皮书》显示,"家庭每月用于孩子消费的平均金额为1,370元,其中用于教育消费的平均金额为599元,占44%;各种兴趣特长的培训费用逐年增长,三成以上的大学生家庭已有送孩子出国留学的计划,且留学已有向低龄化发展的趋势"。对于Y世代而言,一方面,他们常被称为"小皇帝",备受关爱和呵护;另一方面,由于他们生活在政治、经济和文化等不断变革的社会转型期,当他们享受到社会进步带来的丰硕成果之时,也在经受着巨大的压力和挑战。计划生育政策的颁布使多数家庭逐渐形成了"421"的构成模式,这意味着当代青年一般需承担着奉养四位老人的义务。在家庭和社会的期待之下，他们大多经历着升学、就业等各方面的考验，但国内人口基数和现有资源的反差以及全球化浪潮推动下社会劳工分配流动性的增大，也让"十年寒窗"可能无法成就每人理想中的预期效果。此外，不断高攀的房价、严峻的就业形势、户籍的限制让一些怀揣"中产梦"的新一代青年感到压力重重。但社会快速发展终究是让大部分年轻群体享受到了各种福利和实惠，没有遭受上辈人所经历的苦难。据2014年复旦大学《80后的世界——长三角社会变迁调查报告》显示，80后青年的平均教育程度都比较高，其中接受过高等教育的青年比例超过了66%，教育水平与工作收入呈正相关的比例关系，月收入3,000元至10,000元的中等收入群体占54.1%，月收入10,000元以上的高收入群体占10.4%。

青年的含义需要结合特定的社会文化情境去界定。学者达勒姆（Durham，2004）提议用"情境中人"（shifter）来定义青年这个群体类别，也就是说，青年这一语汇是情境转型和创建的风向标，在情境变动中伴随着社会关系的改变而改变（Mary Bucholtz，2002）。结合中国社会的历史进程和现有形势，有两方面值得注意：其一，将青年时期视为人生中重要阶段的观念在中西方国家萌发的时间是一致的（Paul Clark，2012：4）。20世纪初期，"新文化"运动提出了"破旧立新"的口号，随之而起的以青年为主体的"五四"运动推动了社会现代化进程，当时青年的思想和行为观念直接刺激了青年文化的萌芽（Paul Clark，2012：4）。在西方国家，青年文化产生于西方现代化的发展以及不断成熟的市场细分策略。青年文化的研究在美国也始于20世纪初期（Mary Bucholtz，2002），是将其作为偏离主流文化的亚文化形态进行研究的，其"年轻化"（being young）的口号与二战后社会中对主流文化形态蠢蠢欲动的叛逆思维息息相关（Hebdige，1979），芝加哥大学社会学系当时采用民族志（ethnographic approach）的方法对此议题展开了研究。其二，改革开放30年以来，中国经济迅猛发展，科学技术水平不断进步，展示出崛起的大国姿态。全球化的浪潮席卷世界各地，以现代化和后现代化为驱动的全球文化也随着国家间壁垒的逐渐消融和数字媒介技术的日益壮大而向全球扩散。以美国为主的西方国家的主流文化理念,如个人主义(individualism)、物质主义(materialism)、实用主义(pragmatism)、消费主义(consumerism)等传入各国,而享有现代化教育成果和在信息网络环境中成长的当代青年是率先感知到全球化发展脉搏和西方文化理念的群体。青年文化与全球化互相作用,互相影响,一些人认为青年文化是"全球化的机动车"(Dean,2000)。

据2012年社会科学文献出版社发布的《国际人才蓝皮书:中国留学发展报告》显示,中国出国留学人数已占全球留学生总数的14%,位居世界第一位。自2008年开始,我国出国留学人数保持在20%左右的年增长速度,大众化、低龄化已成为留学的发展趋势。另外,各种西方文化产品已然成为当代青年成长的伴生资源,无论是美剧、好莱坞大片、迪士尼动画,还是麦当劳、肯德基和苹果电脑、手机,都塑造了一种常态的文化氛围,从方方面面渗入当代青年的日常生活之中。比如,有学者通过对奢侈品消费行为的研究,发现45%的中国消费者是年龄在18岁至34岁的Y世代青年群体(Simmer, Parker, & Schaefer, 2014)。学者阿若拉(Arora, 2005)认为,中国Y世代消费群体的生活方式正向个人主义和自我实现的方向发展,其受到的西方文化的影响远远多于前几代人。虽然全球化常被学界批判为一种西方中心主义和文化帝国主义的经济文化发展形态,但对于发展中国家而言,国家间的共融合作、多种文化的交流共通对不断扩大经济增长空间和促进文化市场的繁荣是有所助益的。而本土青年也有了和西方发达国家的青年一样学习世界先进知识文化的机遇以及体验不同教育生活资源的空间。

此外,技术发展的形式和程度可能各异,但从某种程度上看,中国的年轻人和发达国家的年轻人在生活和对技术信息知识的掌握上是同步发展的(Sam George, 2003)。麦克卢汉早前提出的有关人们交往方式及人文形态变化的"地球村"理念如今已成现实。据《第34次中国互联网络发展状况统计报告》显示,截至2014年6月,我国网民数量规模已达到6.32亿,互联网普及率为46.9%,手机网民数量已达5.27亿。考虑到国家对网络的管制因素,从某种程度而言,中国青年能接触到的媒体范围确实不及西方国家青年,但是技术的使用是由具有思想意识和价值观判断的主体所决定的。一方面,网络技术的发展给参与性文化的滋长提供了基础性平台,而这种参与力量贴有全球性的标签。学者亨利·詹金斯用"参与性文化"(Jenkins,2006:3)来形容一种在媒介生产者和使用者之间建立联系的文化情形。千禧年后,社交媒体的迅猛发展极大地促进了网络"参与性"以及个体之间的关系互动。国外有Facebook和Twitter,国内有人人网、微博和微信,虽然平台和用户群迥异,但国内网络媒体在功能实现上和西方媒体大致是相同的。青年是社交媒体的主要用户群体,无论是线上线下互动性地关注讨论社会公共热点话题,还是自拍等用户原创性质的活动,越来越多的人开始追崇"参与精神"。尽管"80后"族群常被贴上"个人主义""物质主义""愤世嫉俗""冷漠"或"虚无主义"的标签(Nesbitt-Larking & Chan,1997),但社交媒体和其他网络应用平台为他们提供了私人性或生活化参与(Rosen,2009;Bennett & Segerberg,2012)社会公共事务或政治议题的低门槛通道和激发其参与热情的便利条件,年轻群体在多项事务中的积极参与为他们赢得了网络青年公民(networked youth citizens,Bennett,Wells,& Freelon,2011)的称号。从这种参与趋势来看,中西方青年的表现特征基本上是相似的。另一方面,网络社会让置身其中的个人力量得到彰显,让在等级制度分明的现实社会中规范生活和工作的人们有了获得身份认同的平台。以韩寒、郭敬明为代表的众多年轻人凭借各自在网络平台上公布的作品脱颖而出,成为新时期的青年偶像和"80后"作家;还有一批以雷闯、刘艳峰、向莉为代表的青年群体长期致力于社会公共事务,积极参与热点事件的讨论,献身于社会公益事业,扮演意见领袖的角色。另外,顶着"新新人类"头衔的青年群体积极参加各种电视真人秀节目,在万千观众前秀出真实的自我,传播正面的青春的能量。

(四)结语

综上所述,Y世代一词源于西方,随着全球化进程的持续推进、数字网络技术的不断更新,以及国内社会转型和国际化步伐的加快,Y世代一词突破地域限制,有了国际化应用的前景和本土实践的可能。结合此前学者不断分析的"当代青年"年龄界限的诸多文献、中西方学者对中国Y世代的社会调查以及本书对该名词在本土话语和社会环境中的分析考量,中国的"Y世代"的年龄段可以界定为出生在20世纪80年代初至90年代中后期、成长于当代的青年群体,即"80后""90后"人群,全球性、数字化、务实派应该是他们的身份标识。虽然他们身上有迥异于西方Y世代群体的本土特征,但经济的发展、全球化进程的加快、高等教育的普及以及数字信息技术的迅猛发展,使处在同一"地球村"中的年轻族群有了沟通对话和同步建构身份角色的可能。"Y世代"一词不应仅存在于西方社会背景之中,中国当代青年的努力和积极作为将会为Y世代群体增加更多的活力和光芒。

第二章　数字时代中国青年公民的参与环境

第一节　从社会变迁视角看中国青年参与演变史

在社会学视野中,"青年"不仅指处于青春期年龄阶段的人,还指一个从社会、历史的角度形成的社会类别,这个类别在不同的社会、不同的时期会被赋予不同的意义(陈映芳,2005)。青年时期对于每个个体来说,都是人生发展的重要阶段。除却个人自身的生长环境,个人所处的社会、政治、经济、文化环境以及所属国家的历史性发展变迁对其价值观理念、人生态度和发展追求、个人定位和规划等方面都有至关重要的影响。德国著名文学家、思想家歌德认为,每个人的世界观是由其青年时代性格形成期的经验所决定的。社会学创始人孔德在1838年所著的《实证哲学教程》中,根据社会变造的速率与人类世代的演替相关这一思想,提出了青年是社会变迁的一种基因的观点,认为青年一代在整个社会的历史发展和文化变革进程中具有重要作用。德国社会学家曼海姆十分强调社会变迁过程对世代的重要作用,他认为社会与文化变迁越快,一代人就越可能产生一种共同的世代意识,体验到一种"参与共同命运"的感觉,形成独特的世代风格。社会学家米尔斯在《社会学想象力》一文中指出:"无论是个人生活还是社会历史,不同时了解这两者,就无法了解其中之一。"(米尔斯,1986:4)。学者风笑天也指出,要正确认识、深入理解和合理解释当今中国社会的青年现象和青年问题,就必须高度重视社会背景因素,重视社会变迁的影响(风笑天,2013)。可见,要想深入理解中国当代 Y 世代青年的社会网络参与,就要对中国青年所处的历史环境、社会变迁对其造成的影响、青年在社会期待中的"角色扮演"和自身身份的自我建构等方面进行深入探索。本书环顾影响中国青年角色转型和自我认同的几个关键的历史发展时期,为更好地理解当代 Y 世代青年的思想观念和行为提供了参考素材。

西方国家对青年的重视在 18 世纪的工业革命时期最为突出,工业化的大规模发展需要年轻力量作为整个生产力系统的主要机动力,社会发展变迁和青年的成长相互推动。工业革命不仅为作为一种特定社会范畴的青年群体的形成提供了直接动力,也为青年在人类历史发展进程中扮演前所未有的重要角色提供了前提条件(沈杰,2010:1)。如果说西方情境中的青年受到重视是源于社会生产力的需求,那么中国青年作为一个带有强烈社会期待的特定群体,其角色建构可以说是出于救国救民的使命。在"君君臣臣,父父子子"的封建时代,"青年"大多是不为社会所重视的,年轻人代代遵从父母之命进行着价值观的建立和人生的选择;从中国近代有"年轻人"这个社会类别开始,"青年"这个角色就因社会的各种期待建构而起,最初如梁启超的《少年中国说》,开始赋予中国年轻人更多的责任和使命。此后到了救亡图存、反帝反封建的"五四"时代,青年这个富有开创性和强烈精神意志力的群体逐渐地从社会边缘走向舞台中央。再后来,随着社会环境的变化,青年逐渐发展为"抗日青年""进步青年""民主青年""革命青年"。在战火纷飞的外强入侵的年代,青年为捍卫国家和民族尊严而自我牺牲奉献的群体精神在中华民族历史上留下了浓墨重彩的一笔。

本节结合我国社会变迁中青年参与较为显著的几个重要的历史时期,从其参与特点、价值观导向、义务和责任以及身份建构等方面综合分析青年自身发展与社会变迁之间的关系,探析青年参与的历史轨迹,为更好地理解我国 Y 世代青年的社会公共参与提供历史支撑。

社会变迁泛指一切社会现象的变化，又特指社会结构的重大变化，既指社会变化的过程，又指社会变化的结果。社会变迁有很多种类，如自然环境变迁、人口变迁、经济变迁、社会结构变迁、社会价值观念和生活方式变迁、科学技术和文化的变迁等（郑杭生，1996）。在我国社会发展变迁的不同阶段，青年的社会角色需结合其所处的社会时间和历史时间进行考量。社会时间充分反映了社会文化因素对个体发展的实时影响，代表个体在角色序列中的应有位置，如习俗认可的学龄、婚龄等；历史时间代表个体在历史中所处的位置，不同"出生组"（cohort group）的青年潜移默化地体现着该组群所显现出来的不同风格特征。

本节综合社会时间和历史时间以及前人有关的研究分类，按我国近现代史中突出体现青年社会参与的几个阶段，将青年划分为"爱国主义时期的青年"（1919 年—1949 年）、"社会主义建设时期的青年"（1949 年—1979 年）、"改革开放时期的青年"（1979 年—2000 年）和"数字网络时期的青年"（2000 年至今）。

一、爱国主义时期的青年(1919 年—1949 年)

本书将"五四"运动至中华人民共和国成立之间的这段时期统称为爱国主义时期。"五四"运动是近现代青年社会参与的重要源头，它开启了青年参与反帝反封建运动的潮流，有着强大的社会动员功效和进步意义。1917 年俄国十月革命胜利后，中国的先进分子开始把无产阶级的革命理念作为改变国家命运的武器。1919 年 5 月 4 日下午，北京大学、高等师范学校等 13 所学校的 3,000 多名学生，冲破军警的阻挠来到天安门前集会演讲，游行过程中提出"外争主权、内除国贼""取消'二十一条'""拒绝在'和约'上签字"等口号。在其后的社会运动中，如 1925 年的"五卅"运动、1926 年的"三·一八"运动、1935 年的"一二·九"运动和 1947 年的"五·二〇"运动，青年学生和青年知识分子成为主要组织者和参加者。社会主义共青团的成立结束了中国青年运动自发盲目的状态。党领导下的革命青年开始在城市和农村传播马克思主义,宣传党的主张,组织工人、农民参加反帝反封建斗争。此时的青年参与是酝酿已久的爱国图强精神的觉醒和爆发。

"九·一八"事变后,中国青年义无反顾地投身于抗日救亡的运动中。在"一二·九"运动的推动下,越来越多的青年参与到了抗日救亡的运动中。解放战争开始后,"一二·一"运动推动了全国青年运动,特别是国民党统治区青年运动的发展,开辟了配合人民解放战争的第二战场,加速了民主革命的胜利进程。在抗日最为艰难的时期,中共中央提出"自己动手,丰衣足食"的口号,强调走生产自救的道路,当时有千万名青年响应号召,自觉自愿奔赴延安壮大后方力量,其中包括海外华侨、知识青年和国际友人。可以说,这个时期的青年参与更多地肩负着救亡图存的国家使命,带有浓厚的社会责任感和爱国主义精神,这种参与是在长期被封建主义、帝国主义以及官僚资本主义三座大山压制下发自内心深处的怒吼,是对新思想、新文化以及民主精神的向往,是对建立一个崭新的社会主义国家和实现人民当家做主愿望的追求。此时的青年参与带有强烈的政治属性和社会责任感。

二、社会主义建设时期的青年(1949年—1979年)

笔者将社会主义建设时期大致划分为社会主义改造时期和"文化大革命"时期,虽然它们都处于中华人民共和国成立之初对于社会主义理念发展的艰难探索阶段,但是对青年而言,他们的精神意识成长和生命追求不尽相同。笔者通过梳理归纳,分析说明此时期的青年参与特征和其对社会发展的影响。

中华人民共和国成立后,青年参与的形式和性质发生了比较显著的变化,由救亡图存、争取人民解放转变为大力发展生产力、积极投身国家发展建设。中共中央在给全国青年第一次代表大会的贺电中明确指出:"全国的爱国青年除了必须与帝国主义侵略者及中国反革命残余作坚决斗争外，必须把主要的努力放在学习和建设任务方面……使军事上、政治上胜利了的人民，在经济上、文化上也得到同样伟大的胜利。"这在充分肯定青年在革命时期发挥了巨大作用的同时，也为青年在新时期的积极探索和发展道路指明了方向。当时，正值百废待兴之际，"建设祖国""保卫祖国"成为中华人民共和国成立之初青年生活和青年运动的两大主题。土地改革、抗美援朝、社会主义改造、实现国家的工业化是当时国家建设的主要任务，而青年扫盲队、青年生产突击队、青年志愿垦荒队等成为当时最普遍、最活跃的群体，也涌现了黄继光、雷锋、向秀丽等大批青年英雄人物。

而后，20世纪60年代到70年代中期，国家建设的澎湃激情瞬间被"文化大革命"取代。工人罢工、学生罢课、游行示威、批斗唱红、阶级斗争成为当时最重要的事情。有学者认为，这段时期是中国青年运动遭受巨大挫折的时期。红卫兵运动表现为理性精神的缺失和极端的领袖崇拜情结。卷入政治斗争的青年，成为政治的牺牲品，成为斗争中最不幸的群体。此时的青年参与具有极强的煽动性、非理性和破坏性，对社会发展造成了历史性的伤害和阻碍。

三、改革开放时期的青年(1979年—2000年)

十年"文革"动荡结束后，全社会百废待兴，社会秩序以及国家经济文化建设有待进行新一轮的重组和调整。1980年1月16日，邓小平在中共中央召开的干部工作会议上提出，"80年代无论对于国际国内，都是十分重要的年代"，他明确指出了党在80年代要做的三件大事，核心是经济建设，要聚精会神地搞四个现代化建设。"文化大革命"及其代表的政治路线和社会体系开始走向终结。

此时的青年急切地希望追回逝去的青春，他们大批地涌进各种考场，一时间，"读书热""学习热""成才热"填充了当时青年的个人社会生活，"自我奋斗、自我完善、自我实现"成了那个时代的流行语。1977年,高等学校招生考试制度得以恢复的消息公布后,青年奔走相告、欢呼雀跃。1978年春天,"文革"后第一批被录取的大学生走进校园,开始新的学习生活。当时校园里最为流行的一句口号便是:把失去的光阴夺回来!这个时期成长起来的青年虽然在十年动乱中度过了童年,但是此时的他们面临着与其父母完全不同的现实境遇。在改革开放的社会情境中,他们面临着多种人生选择,政治标准和道德标准不再是其人生选择的唯一标准,个人可以为自己的思想、兴趣和追求而奋斗,此时青年渐渐开始注重个人生活和体验。1978年,邓小平首次提出"科学技术是生产力"。同年,《人民日报》《光明日报》同时转载了《人民文学》上的报告文学——徐迟的《哥德巴赫猜想》,这个看似简单实则深奥的问题吸引着大批数学爱好者,而陈景润的刻苦钻研精神也让他成为那个年代青年人最崇敬的数学家,一句"学好数理化,走遍天下都不怕"成为学生潜在的学习价值导向。

但与此同时,"文革"导致的政治崇拜后的空虚和精神上的迷惘,让青年人开始对人生观和价值观进行思考。1980年5月,《中国青年报》发表了一封以《人生的路为何越走越窄》为题,署名为"潘晓"的读者来信。"潘晓"的只言片语道出了当时青年人的普遍感受:一方面,"文革"的高压政权和领袖崇拜刚过;另一方面,新的价值观体系尚未建立,众多怀揣梦想和抱负的年轻人陷入了思想上的迷惘和困顿。如果说70年代末80年代初的青年人将学业重建视为其经历"文革"之后思想废弃的一次大规模光复,那么在80年代后期,由于市场经济的渐稳促动了青年学子的物质追求,学业上的征程不再是他们的毕生所求。当时,考研人数急剧下降,1987年到1989年,全国有700多名研究生中途退学,对理工科感兴趣的大学生人数骤减,人们把此情此景称为"知识大逃亡"(邱吉,王易 & 王伟玮,2012:185)。对物质生活的过度追求,造成青年的精神饥荒、信仰的缺失和价值观的孱弱,正如崔健的摇滚乐《一无所有》中所诠释的那样,精神的空虚使一些腐朽思想乘虚而入,资产阶级自由化思想泛滥,当时的青年并没有把以美国为代表的发达资本主义国家所倡导的"民主""自由""人权"等理念和我国的国情综合起来深入思考分析,试图放弃党和国家所倡导的主流价值观,用"极端个人主义"代替"集体主义"。一时间,崇洋媚外的民族虚无主义和历史虚无主义思想存在于部分青年群体之中,并渐有蔓延之势。

1992年,邓小平的"南方谈话"解开了青年对社会主义初级阶段的诸多疑问,从思想上的解放促进了改革开放的快速发展。"南方谈话"成为当代中国思想解放的里程碑。当时,大批年轻人奔向广东、深圳等较早试行改革开放的沿海城市。行为主义者认为,人是环境的产物,经济、社会、文化发展的状况从多方面构筑着青年的价值观和社会心理取向。一方面,改革开放带来社会经济的全面发展,青年也伴随着中国社会的现代化进程而成长。越来越多的青年学子开始更多地将精力用于思考个人的发展问题,渐渐脱离了对正统严肃的党派政治或政府决策的考量,个人主义增长的势头日渐压过了集体主义。在市场运作秩序还不完善的情况下,原有的道德失范、功利化倾向愈演愈烈,这些都对青年的价值观、人生观和世界观的树立造成了较大的影响。可以说,物质时代的利益纠缠给青年心理造成了一次又一次的震荡。

四、数字网络时期的青年(2000年至今)

从最初拨号上网到光纤数字通信,从Web1.0到Web3.0,从PC端到移动端,从BBS到微博、微信,我国逐步进入了数字网络时代,而千禧年后出生的当代青年正是伴随着数字技术的快速革新成长起来的一代人,也就是本书所论述的以"80后""90后"为主的Y世代青年群体。

与20世纪50年代出生的人相比,"80后""90后"的信仰是缺失的、不确定的,他们没有对政治、社会的狂热和冲动,注重的是经济和自我。他们不再崇尚权威,不再追求理想主义,相对主义和感性文化对他们的影响更大,他们的价值追求日益分化(陈亮,2011:7)。有学者称"这是一个后一切的时代":后工业,赋予每个人成为信息精英的机会;后享乐,消费主义大行其道,奢侈品是个人身份的标识;后婚姻,婚姻之路不再是一段望不到尽头的一马平川(陈亮,2011:143)。碎片化的信息已经逐渐占据了年轻一代的思想空间,年轻人的思想价值不再因某种目标而结实地捆绑在一起,文化的多样性也让观念的培养变得多元繁复。千禧一代在物质上实现了基本的满足。同时,他们也面临着就业、教育、婚姻等多方面的压力。越来越多的年轻人开始借助网络平台来表达自己的观点和诉求,也投入到对就业、教育、医疗、房产、养老等问题的讨论和思考中去。网络技术的发展冲击着社会政治生活,生来就与网络数字化媒介生态环境相伴的Y世代青年有潜力、有能力成为网络媒体平台最具创造力的意见表达者。他们的媒介素养能力、理性辨知能力、参与表达能力等都在日积月累中得以提高。可以说,进入数字网络时代后,人们对信息的主控力和鉴别力提高了,技术的革新以及社会环境的改善从某种程度上促进了人们对社会政治或公共生活的参与。对于过去被传统主流政治语境隔离在外的青年族群来说,公民参与对其自身成长是有所助益的。

第二节　不断发展的参与环境

一、社会转型期的宏观环境

改革开放以来,中国社会发生了翻天覆地的变化,经济腾飞,各种资源重组调配,数字信息媒介技术蓬勃发展,社会基础建设等方面逐渐稳固,中国以让人震惊的发展之势跻身于世界大国之列,其独特的发展模式受到全球的瞩目。要想了解当代中国青年和他们的参与行为,我们就不可能抛开中国社会转型期的历史轨迹。学者兰斯·本奈特表示,我们应该更多地在理解公民参与问题上投放一种历史观(Bennett，2008：13)；学者道格兰提出，要理解"参与"的关键特征，还应与其发生的政府机构和媒体环境相联系(Dahlgren，2009：18)。本节从社会宏观发展层面来介绍青年参与的历史背景和当代情形，为更好地理解Y世代青年的社会参与的价值观理念、态度和行为提供基础性的社会背景资料。

(一)"中国特色社会主义"在政治、经济、文化领域中的特征

对于中国改革开放三十多年的社会发展建设，世界范围内的政客、学者和普通民众纷纷给予了不同的评价。多数是发自肺腑的惊讶和新奇，他们对一个历经磨难和沧桑的古老民族如何在短短时间里跻身于全球大国之列感到好奇，同时也对有别于资本主义模式且独树一帜的"中国模式"如何继续向前发展充满期待。有学者认为，建设有中国特色的社会主义本质上具有"双重现代性"(dual modernity)的特征(Fengshu Liu，2011：15)，即经济上的自由主义特征(economic liberalism)和政治上的权威主义特征(political authoritarian)。诚然，如果没有"改革开放"的政策和对社会主义建设思想的厘清，中国的社会主义经济建设无论如何都不会取得像今天一样举世瞩目的成就。事实证明，无论是不切实际的"大跃进"式的经济建设，还是政权专制统领一切的"文革"式的社会革命，都不能让人民过上幸福安康的日子。经济体制的伟大革新，革命性地打破了"大锅饭"的状况，摆脱了盲目集体主义的陈旧经济束缚，引入了被誉为"看不见的手"的市场概念。部分经济领域让"市场"进行调整，按供需进行资源调配，率先开放深圳、广州等沿海城市，作为经济改革发展的试点。"效率""竞争""公平""按劳分配"等观念取代了"阶级斗争""集权专制"和"统一分配"，以往以重工业为发展重心的经济建设已经向轻工业和服务行业转换，此前粗放型的发展模式也逐渐向集约型发展模式转变。国有企业开始实行自负盈亏以及公司股份制改革，外资和民营企业进一步壮大。商品不仅基于人民的基本需求而存在，更多地是为了满足人们的消费渴求而存在。

尽管经济建设领域引入了市场化观念,但"中国特色社会主义"的根本仍然是坚持中国共产党的领导,这也是保证经济繁荣稳定增长、文化多元发展的根本保证。

在社会主义文化发展领域,有学者认为,中国的文化被儒家文化所充斥(Fengshu Liu, 2011:19)。在这一点上,本书有不同的观点,尽管儒家文化自汉代始即成为中国的主导文化,但中国的文化形态从古到今一直以来都是多元的。

随着经济的快速发展,社会领域的问题开始显现,如贫富分化、物价上涨、医疗资源短缺、房价高涨、社会保障无法惠及全民等。网络中应运而生的流行语反映着人们面对生活重压自我解嘲的心态,如"鸭梨大"(谐音同"压力大")、"蒜你狠""豆你玩""姜你军""糖高宗"等。学生就业难问题越来越突出,每年六七百万的大学生毕业军充填着国内大大小小的劳务市场,其中又有众多工作不理想的学子加入了考研、考博大军,但当硕博毕业生的薪酬还不如早参加工作但学历低的同辈之时,新一轮的社会焦虑又被点燃了。因社会压力催生的热词频出,如"社会冷漠"和"社会戾气"等。"小悦悦事件""老人摔倒扶不扶"等话题印证了"社会冷漠"。有学者认为,社会生存压力的增大,使人们只顾及自身处境而无暇于其他,所以道德滑坡现象屡见不鲜。"社会戾气"则更为可怕,它反映为由个人生活某些方面的不如意导致积怨骤升而引发因个人极端行为造成的社会暴力犯罪事件;有时也反映在人们可能因一点小事而引发大规模骂战或口角的行径,如某个年轻人竟因一位母亲挡道而夺取并摔死了她尚在襁褓中的婴儿、频发的校园虐童行为、在公交地铁上为抢座而伤人、因抢考研自习室而引发的群殴等,整个社会的戾气越来越重,极端行为越来越多,网络空间也到处弥漫着宣泄之语和辱骂之词。2013年《人民日报》《南方周末》等权威媒体相继发表"如何化解社会戾气"等文章或时评,评析戾气产生的原因以及如何化解人们心中越来越多的焦虑和积怨。面对频发的社会问题,中国政府提出了"和谐社会""八荣八耻""社会主义核心价值观""中国梦"等理念促进社会文化发展,国家大力弘扬"国学",在全球兴办孔子学院,宣扬中国文化的同时展现东方大国的风采。同时,推动国内文化多元化发展,扩充人民对精神文化的自主选择权。有些学者认为,当前中国社会文化领域同时存在着前现代化(pre-modern)、现代化(modern)以及后现代化(post-modern)多重语境和态势(Sheldon Lu,2000:146)。

(二)价值观的转变和细分化的中国社会

法国当代社会学家布尔迪厄强调个体心理发展与社会结构之间的关系,在他与华康德合写的《实践与反思》一书中阐述了二者的辩证关系。他认为,"在社会结构与心智结构之间,在对社会世界的各种客观划分与行动者适用于社会世界的看法及划分的原则之间,都存在着某种对应关系"(布尔迪厄,1998:12)。社会结构的潜在变化以及社会历史文化的发展对个体的社会期待和社会化程度也会产生影响,而在社会的不断调整下被赋予社会性的个体也会将社会宏观环境带来的影响内化,然后再不约而同地塑造着整个社会环境。也就是说,社会大环境和个人之间是相互影响的,经过环境锤炼改造的个体的思想行为反过来又成为社会发展的齿轮,成为引起社会变革的催化剂。

丹·吉尔默在《我们即是媒介》(We the Media)一书中提出,互联网为独立记者提供了挑战传统媒体的契机。吉尔默有句被经常引用的名言,即"我的读者知道的比我多"。毫无疑问,世界正在进入一个"我即媒体"的自媒体时代,人人都是麦克风,人人都可以利用博客、微博、社交网站(SNS)、论坛等媒体平台提出自己感兴趣的议题或发表对某件事情的看法和观点。这是一个"人各有志"的时代,每个人都可以自主地记录自己的生活,借助网络等新媒介在公共领域发出自己的声音,做一个寂寞而真实的瞭望者。在这个"人各有志"的时代,解构主义大行其道,人们对真实的求索和对事实的追问已经不再依赖于某种权威或传统灌输式的教育宣传。每位社会成员都会自行建构自身的价值体系,其价值观的形成源于传统权威的知识体系,但也融入了更多的网络社会信息元素。信息的获得绝大部分源于个体参与意识和参与行为的日益增长。学者熊培云在《重新发现社会》一书中写道:"在法律允许的范围内人们可以将一切政治、经济与社会的话题纳入自己的价值体系,通过自己的经验与学识,作出自己的判断。他们不再需要'观点辅导员'与'意见监护人',每位公民都有自己观察生活、认识真理的眼睛与心灵,没有谁再可以强加给他们任何他们不再相信的东西。"传播的发展在一定程度上改变了人们的生产、生活方式,当然也改变了人们的思维和社会的结构。社会参与赋予了人们追寻真理和事实的力量,也给予了人们"创造自我"的可能。尽管网络在一定程度上助长了"谣言"和"网络暴力",但在多数情况下其都在发挥正面作用,特别是在多次社会公共事件中,网络展现了独一无二的作用力:"厦门PX事件""山西黑砖窑""杭州飙车案"以及众多网络反腐实例中集结着越来越多的民意和智慧。可以说,网络在中国日益成为一种推动社会进步的工具,它在一定程度上弥补了传统意见表达渠道相对滞后的缺陷,激发出人们关注公共事务的兴趣,也在培养和历练着人们的公共精神。政治是管理公共事务的艺术,善治的实现也必然离不开公众的广泛参与(熊培云,2014)。"强国论坛"的创办,中国政务官方微博、微信的开通,都显示出国家正确看待网络传播的眼光以及与时俱进的魄力。

二、网络传播权力与规制

信息技术的飞速发展,给政府带来了双重考验:一方面,信息技术成为促进经济发展的动力之一,政府不得不想方设法推动信息技术的进步;另一方面,政府又不得不对新技术带来的潜在政治风险给予控制和监管。这其中存在着一个放权和收权的博弈过程,信息技术所创造的网络公共空间是一个全新的领域,国家和社会在这个领域中角力。本节从国家信息管理控制体系和相关法规、互联网规制以及网络权力空间博弈三个方面勾勒出中国网络传播的权力地图,以便更好地理解青年社会参与的空间版图以及青年社会政治参与存在的先决条件。

(一)国家信息管理控制体系和相关法规

了解国家信息管理控制体系,是厘清国家信息管控政策和机构权力分配的前提,也是明晰某些形式或程度的社会参与得以存在发展的基础。中国信息技术基础设施的快速发展与其监管机制的发展是紧密联系在一起的,信息监管主要可以分为四部分:内容、技术标准、网络以及硬件设施。我国信息产业部成立于1998年,是第九届全国人民代表大会批准成立的一个新部门,通过合并之前的邮电部、电子工业部以及广播电影电视部里负责网络的部门而成,其职能之一是审查、批准和颁发互联网服务提供商(ISPs)的运营许可证。但信息产业部并不是唯一的监管部门,其他部门如广电总局、中宣部等部门也同样具有监管权。这种现象背后的逻辑关系是,尽管信息产业部是信息产业的主管部门,但是它又不得不向其他部门出让部分控制权,这既有经济层面的因素的影响,又有政治因素的考量。在信息产业部调整之后,2014年2月27日,中国网络安全和信息化领导小组成立。该领导小组着眼于国家安全和长远发展,统筹协调涉及经济、政治、文化、社会及军事等各个领域的网络安全和信息化重大问题,先后发布了合理引导互联网健康绿色发展的若干文件,如《互联网新闻信息服务许可管理实施细则》《互联网直播服务管理规定》等细则约要。

除了信息产业部,国家还建立了两个国务院级别的机构,用于监督信息产业部的工作和技术政策。一个是国家信息化领导小组,该小组成立于1996年,其任务是为信息技术部门设计战略,担任该小组组长的历任领导分别是朱镕基、胡锦涛、李岚清、吴邦国、曾培炎和丁关根等,这些领导都身居国家要职,可见党中央对该组职能的重视程度。随着互联网时代的开启,中宣部很快将管辖范围扩展到了网络领域,此外,也有其他的行政主管机关介入了互联网监管,如公安部和国家安全部,这些机构的职责在某种程度上是交叠的。国家信息化领导小组的职能包括:制定规章执行的具体细则、监管渠道提供商、规定互联网服务提供商和互联网用户的权利和义务、监督和审查网络的国际线路等。另一个是成立于2001年的国家信息化办公室，位于国家信息化领导小组之下。该部门也逐渐具备了推动电信政策议程的执行功能。

随着互联网信息技术的高速发展，政府在不断完善监管体系的同时，也出台了一系列的法律法规，对互联网的审查制度日渐完备。纵观1994年至2005年间国家颁布的有关互联网监管方面的法律法规，监管的重点在以下几个方面：一是国家秘密。《国家保密法》规定，国家秘密是关系国家的安全和利益，依照法定程序确定，在一定时间内只限一定范围的人员知悉的事项。二是促进潜在社会非法运动的内容。2005年9月出台的《互联网新闻信息服务管理规定》与之前的法规相比，增添了新的监管内容，即煽动非法集会、结社、游行、示威、聚众扰乱社会秩序的行为，以及以非法民间组织名义活动的（非法民间组织指的是没在政府相关部门注册过的团体）行为。哈佛大学社会科学定量研究机构研究分析了近1,400条不同形式的中国社交媒体服务中的内容，结果显示，最易被网络管控且屏蔽掉的内容是那些易于加强或煽动社会运动的相关信息或言论，而不是那些对国家或领导者进行负面评论或批评的内容（Gary King, Jennifer Pan, & Margarete Roberts, 2013）。另外，按照《计算机信息网络国际联网出入口信道管理办法》有关规定，计算机信息网络在进行国际联网时，必须使用国家公用电信网提供的国际出入口信道。也就是说，如未获得政府的事前批准，任何单位和个人不得自行建立或使用其他信道进行国际联网。若有关单位需要接入国际互联网络，需向政府相关部门申请办理"国际联网经营许可证"，个人是不得从事互联网服务供应的，且从事国际联网业务的单位和个人，不得利用国际联网从事危害国家安全、泄露国家秘密等违法犯罪活动，不得制作、查阅、复制和传播妨碍社会治安的信息和淫秽色情等信息（郑永年，2014：87）。2010年，Google公司宣布关闭中国版网页搜索服务，在中国内地不再提供电子邮件服务和博客服务。谷歌表示，在审查那些被视为不恰当的或非法的信息方面,谷歌将遵守中国法律。此后,谷歌又转用香港域名 google.com.hk 及服务器为内地用户提供简体中文服务。

(二)中国互联网规制

2013年4月,《经济学家》杂志的一篇文章描述了中国政府在网络规制方面采取的举措,并将中国互联网称为"一个巨大的鸟笼"(a giant cage)。有学者指出,国内网络媒体和传统媒体一样,正在经历着一种从上到下的管制模式(Harwit & Clark,2001;Qiu,2000)。中国网络规制引起了西方媒体、西方政府、国际人权组织机构以及学术界的大量关注,其大部分注意力基本投放在"网络过滤"(internet filtering)之上。网络过滤是阻止网络用户登录或连接某些网站的过程,而这种过滤可以发生在局域或国家网关的不同层面上,如家用网络、地方商用或民用网络、网络服务供应商(ISPs)等。关于中国互联网网络规制(governmental information regulation)的议题在中西方学术界已经成为炙手可热的研究命题,有些学者关注网络过滤管制怎样阻碍了网络信息的接触(MacKinnon,2012),也有学者关注社交媒体中的关键词过滤规制(Bamman,O'Connor,& Smith,2012)。综合近年来学者在此领域的研究导向,比较显著的有两种针锋相对的观点:一种意见认为网络过滤管制可以净化媒介生态环境,有助于社会团结和稳定;而另一种意见则认为网络过滤管制剥夺了民众意见表达的自由以及获取网络信息的权利(Zhou,2008)。当然,也有学者认为,这种关于"自由"和"控制"的两相对立的观念忽视了中国新媒体应用的复杂性(Lokman Tsui,2003;Wallis,2014)。

在实际操作中,网络规制的策略或手段会有哪些呢?首先,"过滤"是最为有效的规制途径。"防火墙"(the great firewall of China,简称GFW)可以对因特网内容进行自动审查和过滤监控。防火墙的主要技术包括国家入口网关的IP封锁、主干路由器的关键字过滤阻断、域名劫持和HTTPS证书过滤四种。为保护国内未成年网民的健康,我国政府原计划从2009年7月1日起,要求在中国内地生产和销售的电脑装上"绿坝·花季护航"客户端网络过滤软体,而后迫于舆论压力,暂缓了这一要求。还有一种过滤手段被称为"关键词拦截"(keyword blocking),一旦网民发布了一些敏感或被禁止的词汇和语句,就会面临被删除的风险。这一系列关键词由国务院新闻办设置。2002年9月,中国引入新的过滤系统,这个新的系统以关键词为基础,被认为是世界上最为成熟的互联网过滤系统。

其次,网络公司会雇佣一批人专门执行网络规制任务,他们的职责就是监控所属网络平台上发布的内容是否违规。另外,也有大批从属于公共安全部(Ministry of Public Security)的"网络警察"(cyber police)履行着监控职责,他们所管探的层级大致分为国家级、省级和市级(Mooney, 2004)。

最后,还有一种管控方法是"自我监管"(self-censorship)。以新浪微博为例,该平台设置了一个专属的网页空间,专门用于用户自发举报他们认为不适合的博文内容,然后,这些举报内容会经过新浪的审查,由新浪最后确定该内容到底是留用还是删除,当某些博文被删除后,其原始发布区域会出现"抱歉,此微博已被删除。如需帮助,请私信给@围脖被删投诉"一行文字。

在分析不同学者的论述中我们可以发现,中国互联网网络规制的特征有三点:去中心化(decentralized)、不确切性(vague)以及选择性(selective)。有学者发现,中国的网络过滤系统事实上是去中心化的(Xu et al., 2011; Zhao Yuezhi),也就是说,被屏蔽或过滤的网站是时时变化着的(Zittrain & Edelman, 2002);有些规制行为也是具有选择性的,并不能确定什么样的内容在什么时候会成为被规制的对象。此外,许多因素使当前的监管机制在执行时并非绝对有效,不过也可以理解为国家网络管控是放权和集权的博弈过程,这种管控有一定的松弛度和弹性。比如,网民会通过创造流行语或使用海外服务器等方法规避审查;又如,有些监控法规在实际应用中并没有得到良好的实施,如"上网实名制"已经名存实亡了,因为网民和互联网服务提供商都以各种理由抵制这项制度(郑永年,2014:92)。

(三)网络权力空间博弈

要了解中国网络权力空间博弈,就应理解技术对国家或社会赋权的问题,以及信息技术如何调节国家和社会关系的问题。要明晰互联网在调节国家与社会关系的作用上,首先,必须对国家进行分解式研究。在网络互动的过程中,国家不应当被误解为一个统一和单一的行动者。国家是由不同的部分构成的,例如单个领导人、政治派系、官僚机构和各级政府。在互联网的发展过程中,所有这些行为者都有着不同的偏好和利益。每一个行为者都有可能利用互联网来达到自己的目的。当涉及国家与社会之间的互动时,国家内部不同行为者之间的复杂关系非常重要(郑永年,2014:27)。

其次,社会与国家一样,我们也必须对其进行分解式研究。不同的社会力量对互联网有着不同的偏好和需求。在中国的政治背景下,社会力量大多依赖于自身与政府的关系,其中,一些社会力量比其他社会力量更加独立,也组织得更好。例如,相比组织能力较差的工人群体和缺乏组织能力的农民群体,组织能力较强的商业力量能够对政府产生更多的政治影响。

最后,国家和社会力量通过它们自身在网络公共空间的互动实现了相互改造。国家与社会力量的参与和离散的结果是可感知的,但是这一结果却极少反映任何一方的最终目的。一方面,国家必须调整自身以容纳社会力量;另一方面,社会力量也许会发现,它们在与国家的互动中也需要进行自我调整。

博伊尔根据福柯的思想提出,国家能够使用多种互联网监管技巧,并因此而实现有效的互联网审查。根据福柯的理论,早期的国家以强硬的手段对国民进行控制;现代国家则让国民参与政府管理,将外在的控制转化为内在的控制,公域和私域两者之间的相互渗透程度得到提高(郑永年,2014:12)。也就是说,现代国家不再实施命令和采取惩罚措施,而是采用说教、告知、劝说和劝阻等方式实施管理。

互联网有利于促进中国的自由和民主。网民们对互联网的使用促进了公共辩论和问题传播。无论是国家赋权阵营还是社会赋权阵营中的学者，他们的观点中都存在着一个暗含的假设，即互联网的发展是国家和社会之间的零和博弈(郑永年，2014：15)。也就是说，国家和社会并不是相互绝缘的两个实体，无论是强国家弱社会模式，还是弱国家强社会模式都无法有效地解释当前国家和社会的现实关系。而互联网则提供了一个舞台，让国家和社会之间相互赋权。国家通过技术赋权于社会，整个社会的自由民主进步并不必然地使国家的角色减少，也并不必然地削弱国家的能力。学者郑永年认为，国家的强大，是维持民主牢固的重要条件；另外，经济和社会的可持续稳定发展需要有一个强大的国家作支撑，因为强有力的国家可以超越特殊利益集团的短视，2008年世界金融危机时中国的平稳过渡是一个很好的例子。

所以，尽管我国政府对网络有较为严格的管制，但这种管制并不是专制，这种现代形式的网络管制是一种规训性或合作性的共制，国家将部分社会力量和经济力量融入自己的管理系统，让网络治理变成一种具有合作性质和日常性质的常规工作，让参与网络治理成为一种常态。此外，国家的威权制度和社会的民主转型并不矛盾，一个强有力的国家可以防止一些特殊经济利益链条的垄断蔓延，在市场经济运行不畅时给予宏观调控方面的支持。国家可以利用网络来提高治理机能，在实体组织治理存在参与壁垒之时提高网络的参与质量，"孙志刚事件"就是个很典型的例子。

三、市场化的媒介环境

市场经济是公民社会建立的基础，网络舆论场中的公民言论表达和对自身权利的追求，不可避免地带有鲜明的时代特征。哈耶克在《通往奴役之路》一书的"经济控制与极权主义"一章的开头，引用了一句话——"对财富生产的控制，就是对人类生活本身的控制"，他接着论证说，"任何控制一切经济活动的人也控制了用于我们所有目标的手段。因而也就必定决定哪一种需要予以满足和哪一种需要不予满足。这实际上是问题的关键。经济控制不仅是对人类生活中可以和其余部分分隔开来的那一部分生活的控制,也是对满足我们所有目标的手段的控制"。①

中国媒体的市场化走向和社会政治体制转型的步调是相互呼应的。改革开放前,国家实行高度集中的中央计划和管理体制,由政府统一进行社会资源的管理和调配。改革开放后,"大锅饭"式的计划经济体制逐渐转变为如今的市场经济体制,经济领域中革新性地引入"看不见的手"的市场力量。邓小平所言的"摸着石头过河""不管黑猫白猫,捉到老鼠就是好猫"等革新理念深入人心。国有企业逐步实行公司股份制改革,引入"事业单位企业化管理"的观念,外资企业逐渐打破民族壁垒涌入国内,民营企业也在国家政策的支持下一点点地繁荣起来。中国媒体也跟着国家社会的调整步伐,一点一点地进行市场化改造,从之前单一的"喉舌"功能发展到如今的多种职能并存。不论是对传统媒体还是对新媒体,环境的影响都是显而易见的。

尽管本研究围绕以互联网为基础技术平台的网络环境展开,但是整个媒介生态很难纯粹地将传统媒体和新媒体隔离开来。回顾传统媒体的市场化历史对于理解当前网络环境具有十分重要的作用。比如,就中国报业来说,1949年—1956年期间,报纸实现过一定程度的市场化,但随着1956年社会主义改造和1957年"反右"运动的到来而中断,当时报刊完全变成国有,新闻事业仅是"党的事业"的一部分;1978年以后,市场化逻辑日益渗透到媒介当中,当年,《人民日报》等多家新闻单位试行"事业单位企业化管理"方针,为单拉创收,为员工扩展福利;1979年1月28日,《解放日报》率先刊登了"文化大革命"后中国内地的第一则广告;1987年,国家科委编制的《我国信息产业投入产出表》将"新闻事业""广播电视事业"纳入"中国信息商业化产业"中,从而使报业的产业特性得以初步建立;1994年,许多机关报逐渐改变了"吃皇粮"的局面。1996年,广州日报报业集团进行业界全新尝试;2003

---

① 哈耶克.通往奴役之路[M].王明毅,等译.北京:中国社会科学出版社,1997:90.

年 11 月 11 日，由光明日报集团和南方日报集团合作推出的跨区域大型日报《新京报》在北京发行，这是跨区域办报的一个新尝试。2006 年，中共中央、国务院下达的《关于深化文化体制改革的若干意见》中关于支持跨行业兼并、市场化管理、转制和业外及非公有资本的介入等内容，进一步表明了政府对于媒体市场化的态度。报业的一系列改革印证了中国媒体的市场化步伐在全面推进。

回望中国媒体发展历史以及当前媒体的生态环境，可以看出，中国的现代媒体具有两个明显特性：其一，党性原则是其事业的根基和保障，是其必须满足的首要原则，这也是马克思主义的一贯立场；其二，当前的大众媒体从之前的一元宣传导向渐渐过渡到多元职能导向，也就是说，以前媒体的职能主要在于对内和对外宣传，媒体资金主要来源于政府拨款，而今大大小小的媒体平台引入了市场机制，部分融入了经济元素，他们既要负责党务宣传和国家形象的建立，又要部分地打开市场，以实现聚合效益和增量创收。另外，公共服务职能也是大众媒体需要践行的责任和义务（Hu Zhengrong, 2009）。其实，这也在一定程度上说明中国媒体的市场化改革和西方的市场化资本经济体制不是完全一样的。在国内，大众媒体并没有获得相对独立的政治地位，其除了实现市场化、具备社会化功能外，还是党和政府的喉舌，必须履行政治宣传和政治动员的职责，并没有像西方国家的媒体那样完全走市场化道路（郭小安，2011：87），也并没有出现如新闻集团、迪士尼媒体集团那样的巨型垄断公司和企业。

虽然中国互联网的发展落后于西方国家，但由于我国人口基数庞大、技术基础平台搭建迅速、网络新媒体终端更新不断，加之众多人口对新技术、新信息有巨大的需求，我国网民数量呈井喷态势，短短几年就跃居世界前列。纵观网民的互联网应用层面，最初的应用主要在于几个大型商业门户网站、搜索引擎和以 QQ 为主的即时通信，随之而来的是论坛、博客，之后接踵而至的是与国外的 Facebook、Twitter、MySpace 具有相似功能的社交网络服务，如人人网、微博和微信。当前国内正处于社会转型期，在国内经济快速发展的同时也相应地出现了各种各样的困境和问题,虽然互联网受政府管辖,但它也是国家和社会之间互通互融的桥梁,如 2008 年就被称为"微博元年",2010 年又被称为"网络反腐年","孙志刚事件""钓鱼执法""上海大楼着火""汶川地震救灾""微笑表哥"等一系列公共参与的事件让"网络民主""技术与社会""公共领域"等关键词深入人心。

当然,有学者曾指出,"民主"不是一个可有可无的问题,而是一个程度深浅的问题(王绍光,2010:77)。哈贝马斯也曾说过,公共领域面临着政治和经济力量的双重侵蚀。网络舆论场也受到政府管制以及市场化力量的共同影响。有学者指出,网络舆论场在与传统社会场较量时,仍然没有摆脱现有社会场的束缚,"新闻场与政治场和经济场一样,远比科学场、艺术场甚至司法场更易受制于市场的裁决,始终经受着市场的考验"[①]。商家关注的只是博客、网站的人气,考虑的只是将其中蕴含的商机转化为商业利益,寻求的只是博客与其他网络技术的结合所能产生的盈利模式;网络舆论场所引发的公共性话题也成为商家获得丰厚利润的手段。(师曾志 & 胡泳,2014:111)。如果说社交媒体诞生之初,在公众对社会热点议题的关注和参与中,商业网站在实验性地行使着参与和推动的职能,那么现在各大商业网站已娴熟地充当起公共舆论的驾驭者角色,他们对舆论的初始期、发展期、高潮期、衰落期等发生发展阶段了然于心,会自发地在公民参与公共事务的初始阶段就建立事件发生的"状态栏""点击率排行""观点累积帖""投票"等鼓励公众持续参与关注的主题帖或主题站点。越来越多的商业媒体精英发现,与其搜罗更多的主题,不如在某件有社会争议的事件上集聚更多的注意力,创造有相对持续性的眼球效应。虽然参与过程中多有市场经济力量的介入,但只要以尊重事实、保护国家和公众利益为原则,这样的介入就是积极有益的,它们为公民参与提供了"绿色通道",使公众在其零散时间范畴内实现了社会参与,并促进了社会公共事务得到快速高效的解决,推动了全社会

[①] 布尔迪厄.关于电视[M].许钧,译.沈阳:辽宁教育出版社,2000:87.

善治理想的实现以及公民利益的切实维护和保障。

四、全球媒体时代下当代都市青年文化及其社会参与

我国当代青年文化萌芽于 1976 年。伴随着时代的交替、体制的转轨和社会的持续转型，青年文化在政治、经济、社会和文化变革中潜移默化地经历着进化和演变。本章分三部分探索在全球媒体时代下当代都市青年进行公共参与的社会文化环境：第一部分结合我国青年文化历史渊源和时代背景，绘制"多元化"青年文化版图；第二部分论述全球化对 Y 世代青年在文化构建方面的影响；第三部分探索当代青年在网络社会中通过各种参与性行为追求身份认同的努力以及这些行为对社会亚文化所造成的影响。

1915 年，《新青年》杂志秉承着原初主题"青年"和"青春"（之后更新为"德先生"和"赛先生"，即"民主"和"科学"）呈现于公众视野中。陈独秀在创刊号上刊登了第一篇文章《敬告青年》，讴歌青年时期"如初春，如朝日，如百卉之萌动，如利刃之新发于硎，人生最可宝贵之时期也"。无疑，青年时期是宝贵的，青年阶段既是个人学业、工作、生活等各方面发展取向塑形的关键阶段，又是青年积极建构个人社会身份以及主动融入能促进个人成长的各种社会参与或公共生活的黄金发展期。处于各种情境之中的青年在不断寻求个人身份认同之时，也参与了青年文化的创造。当代青年文化在继承和创造、交融和对抗中持续向前发展，以 80 年代以后出生的都市青年群体为主的青年的文化会不可避免地成为我国未来文化形态的主要补给（Liu Kang，2012），这种发展态势体现在青年文化在中国独特的演变轨迹中，又与当下社会转型期内外文化环境不断交互影响的社会情境有关。青年文化总是伴随着时代和社会的变革得以进化发展，从 20 世纪 50 年代开始，中国文化的格局是以政治文化为主流的一元格局；从 20 世纪 80 年代开始，精英文化的日渐兴起使其与主流文化相互摩擦，形成了二元对立的格局（刘悦笛 & 刘陶，2013）。此后，无论是 20 世纪 90 年代还是 21 世纪至今，当代中国文化开

始面临新的局面,文化从一元走向多元。对于生于80年代后适逢改革开放时代的中国都市青年而言,他们的青春浸沐在经济全球化、数字媒体技术不断革新和推进的全球媒体时代,他们奋斗于阶层分化加剧、竞争日渐激烈以及各种社会秩序规范都亟待进一步调整的社会转型期,其青春时期所持有的价值观和所经历的文化形式也在随着环境的改变而日益显现出独有的风格和特征。本书将结合当代综合背景着重讨论青年文化在我国目前环境下所呈现出的特征和变化,分析当代都市青年社会参与实践的社会背景。

(一)"多元化"的当代青年文化版图

1942年,塔尔科特·帕森斯(Talcott Parsons)创造性地运用"青年文化"一词描述由年龄、性别等特征建构的有别于成年人的价值意义系统。青年文化从广义上可定义为一种特殊的生活方式,它体现为年轻人在一起分享表达各种特别形态的价值观、象征意义符号以及行为(Firth,1951:27)。伯明翰学派研究亚文化的学者前瞻性地将青年单独作为一个社会阶层进行分析,将青年文化作为文化研究的一个重要的学术维度进行考量(Buckingham & Kehily,2014:2)。按照乔治·克拉克(John Clarke)、斯图亚特·霍尔(Stuart Hall)、汤姆·杰佛森(Tom Jefferson)以及布莱恩·罗勃特(Brian Roberts)的说法,青年亚文化产生于能共同分享一套社会礼法的族群之中(Marcelo M. Suarez,2004:208)。正如青年阶段是生命进程的转型发展阶段(Keniston,1970),青年文化也会随着时代环境的交替转换而形成不同的风格特征。

千禧年以来,随着社会结构和形态的不断调整和转型,都市青年群体在享有其父辈从未体验过的物质富庶和发达信息科技所带来的高效网络沟通交互之时,也在默默承受着新时期内在滋生或外来灌输的各种全新元素的压力和挑战。有学者品评,"年轻人依旧年轻,但是,青年文化独有的理想主义光辉、启蒙主义冲动和个性主义追求,却已经烟消云散"(周志强,2009);还有学者认为现在的年轻人沉迷于网络和游戏中不能自拔,将现实世界和虚拟世界分离（Fengshu Liu，2010）；也有研究者就《人民日报》中《莫让青春染暮气》一文所描述的80后一代集体变"老"的暮气现象，对12个城市的在职青年展开大规模的抽样调查，研究目前我国青年的压力分布情况，研究结果表明，青年的压力主要集中在经济生活压力、知识技能压力和人际关系压力三个方面，"求稳不求新，守故不思变"俨然成为他们生活的表象特征（王小璐 & 风笑天，2014）。当然，也有学者认为中国当代青年文化版图呈现出绚烂缤纷的景象，是一个多元混杂且相互渗透的结合体，它从来不是一个单数（胡疆锋，2011），这种文化形态被喻为"沙拉碗"或"大熔炉"（刘悦笛 & 刘陶，2013）。学者陈映芳最早采用法国社会学家R.Caillois提出的"圣—俗—游"的社会结构模式来分析当代中国的青年文化。而后，刘悦笛等学者在此基础上，又建设性地开创了"超文化"这个全新维度，他们指出，"圣文化"与"精英文化"相对应；"俗文化"不完全等同于"大众文化"，它可以分为"通俗文化"（popular culture）与"低俗文化"（low culture）两种类型；"游文化"则游离于体制之外，居于社会边缘，但随着社会文化格局的波动，"游文化"可能打破边缘壁垒，迈向主流，被视为"游文化"的当今网络青年文化可能就有这种自下而上的发展取向。但当青年文化被主流文化收编、被大众文化同化的时候，就形成了所谓的"超文化"（刘悦笛 & 刘陶，2013）。还有学者参照现代社会对理想青年的角色期待，将当代青年文化细分为"认同文化""亚文化""反文化"和"负文化"几个层面（胡疆锋，2011）。"认同文化"最大的特征是对主导文化所倡导的价值观基本认同，有一定的政治文化属性，以五四青年、奥运志愿者等群体文化形态为代表；"亚文化"不能单单用西方意义上的亚文化模式所穷尽，它并非"要么抵抗，要么妥协"的非此即彼的文化形态，更多的情况下呈现出一种折中主义的"协商"特质，故西方带有政治革命激进性质的"反文化"理论更不能适用于中国环境，这与主流意识形态、传统文化的积累、市场经济的操控以及父辈文化的灌输都有一定的关系。

其实，多元的青年文化也反映了青年不同的价值取向、独立的人格和精神魅力（胡疆锋，2011）。青年文化可以从形式（form）和表演（performance）

两方面进行考量,前者侧重代际和阶层,而后者则注重青年平日的生活风格特征(Pais,2000),这两种维度也可与德勒兹和瓜塔里(Deleuze & Guattari,1998)曾提出的线性空间(striated space)和平滑空间(smooth space)相对应。与象征着秩序和规范的线性空间不同,平滑空间允许百家争鸣,赋予个人充分的自由去驰骋翱翔。虽然当代青年文化没有完全与线性空间分离,但它在很大程度上存在于能给个人提供施展创造性才能舞台的平滑空间之中。正如贝克所言,"青年文化并非纯粹且地域性的,而应是不同空间互动过程中的混合物"(Chris Baker,2002:147)。当代以80后、90后为主体的中国青年浸沐在改革开放的春风里,国门的开放和市场经济概念的树立使这一代年轻人受到各种文化观念和意识形态的冲击和影响,他们面对的是一个文化沙拉碗,新自由主义(neoliberalism)、国家主义(nationalism)、全球主义(cosmopolitanism)以及儒家学说(confucianism)共同形成综合的话语环境(Zhu & Camicia,2014:43)影响着青年群体,同时也经历着不同文化形态对其的重新诠释和解读。文化源流的日渐丰富以及信息技术平台的深化革新赋予了青年族群自主选择思想理念的权利和自由,这种选择在很大程度上取决于他们的教育背景和生活经历。当然,市场经济和科学技术的快速发展在壮大国力的同时也带来了道德伦理的衰落以及意识形态的混乱等危机。面对大量西方思想观念的引介,如何保有本民族文化的主体性且批判性地汲取外来文化精华已成为学界和社会关注的议题。有学者指出,避免片面理解西方文化的同时不断充实中国传统历史文化是解决当代青年文化主体性孱弱和道德滑坡的合理方法(Yan Wang,2006)。

(二)全球化环境下Y世代青年的文化构建

虽然Y世代起初是镶嵌在西方情境下的词汇,但随着中国经济的快速发展以及全球化浪潮的持续推进,具有良好教育背景和家庭条件的都市青年又是对新鲜事物和前沿思想吸收、理解最快的部落团体,"Y世代"一词俨然已摆脱了地理环境的束缚,投入国际背景下的情境化运用中。中国Y世代族群大多是独生子女,他们的父母多数经历过"文革",他们是率先领略数字化生活环境的一代,信息技术深入地影响着他们的生活和工作形态(Bennett et al.,2008;Wesner & Miller,2008)。我国的Y世代都市青年大多享受着与西方同龄人相同的娱乐休闲生活:他们看着迪士尼卡通动画片和日本漫画成长,经常光顾麦当劳、肯德基和星巴克;他们喜欢购买耐克、阿迪达斯等进口商品(Cheng M. & Berman S. L.,2012);智能手机是他们的生活必备品;刷微博、聊QQ、上人人网、打魔兽成为当下"新新人类"(neo-neo tribe, Jacka, Kipnis, & Sargeson, 2013:193)的日常生活之需;写博客、看视频、逛贴吧等虚拟世界体验造就了一批"宅男""宅女"。

全球化(globalization)是指思想、商品以及人员关系以前所未有的速度、范围和数量跨国界流动的过程(Jensen, Arnett, & McKenzie, 2011)。改革开放后的30年,中国经济突飞猛进,在加入WTO、承办世界体育盛事、平稳过渡金融危机等方面均显示出我国应全球化进程加快之势并入世界进步发展行列的目标和举措。青年文化与全球化之间存在着一种共生关系,有学者认为青年文化是"全球化的机动车"(vehicle for globalization, Dean, 2000)。可以说,青年文化和全球化是相互影响的。

首先,全球化并非一个简单的学术概念,它包含着文化植入和价值扩张的意义(王玮,2013),在不同国度地域中酝酿的青年文化所受到的全球化影响是不一样的(Bennett,1999),占主体地位的全球化理论强调大规模的经济、政治以及文化转型,但是全球化的影响其实也逐渐渗入人们日常生活体验之中(Buckingham et al., 2014:42),而这种浸透大多是经由媒体特别是数字媒体平台完成的(Jennifer Gidley, 2001)。从价值观层面而言,有学者指出,中国社会正处于加速发展的社会转型过程中,中国青年正经历着较大的价值观改变,社会上出现了诸如"个人主义""物质主义""消费主义""道德危机"等新价值取向和社会现象。自改革开放以来,经济的快速发展促进了个人财富的积累和增长,人们在物质生活得到相对保障的基础上,开始逐渐转向追求精神生活的充盈和丰富,而跨入信息网络社会的大众已习惯用各种数字媒体设备探寻周遭和外面的世界。当媒体中不断传送出西方大众流行文化的信息时,首先接受这种外来文化熏陶的便是被称为"新新人类""网络族群"(net generation,Tapscott 1998)的当代青年,其中,对青年的影响程度最大的应该是个人主义、物质主义思想(Robert L. Moore,2006)。现在的都市青年更加注重个人话语表达、成就感和幸福感的获得,"自我文化"(me culture,Yangzi Sima & Peter C. Pugsley,2010)就渐渐成形于青年的主观愿望和社会客观环境对青年的角色期待中。有研究者指出,当代中国青年普遍认同较高程度的物质主义思想(Chan,2005;Rosen,2003),这与其经历过自然灾害和文革洗礼的父辈所簇拥的集体主义观念、节俭持家理念是有所区别的(Liu Kang,2012)。要警惕青年特别是学生群体片面汲取西方思想以及对某些价值观理念进行偏窄化解读,除了个人主义和竞争效率外,西方意识形态中还有公平(fairness)、平等(equity)、信任(credibility)、博爱(philanthropy)等观念值得年轻人去关注(Wang,2006)。

其次,在全球化对中国青年文化的影响层面上,我们不能将这种影响理解成本土文化对西方国家特别是美国文化观念的全盘接收。也就是说,不同国度和领域的青年群体会以自身所掌握的意义符号和所处的社会文化情境来对全球青年文化进行本土化的解读和运用(Bennett,1999;Kieldgaard & Askegaard,2006)。当然,这也与本地的政治经济操控有关。比如"全球本土化"(glocal)一词就从全球和本土两个角度来定义当代生活的双重性。如果从给青年文化提供养料的媒体内容架构层面来看,国内众多节目都源自对西方国家节目的改编和模仿,特别是自 2005 年开始收视率颇高的选秀节目,如《超级女声》《快乐男声》《中国好声音》《舞林争霸》等,它们的节目版权皆引自国外。这类节目的红火一方面与其借荐西方元素进行发展创新有关,另一方面也和放松规制环境下消费主义的资本积累、参与性大众文化的发展以及传统媒体内容的娱乐化走势等因素有关。此外,国外媒体节目的不断引进丰富了国内青年文化的话语资源,也促进了全球青年文化的融合贯通。美国好莱坞大片、日本动画动漫以及韩剧的持续升温,在带动边际产业链发展和促进全球资源流动的同时,也加快了"商业快餐文化""萌文化/耽美文化"以及"民族文化经济"等观念对国内消费者的渗透,而对这些思想理念理解和体会最快的莫过于青年群体。

如果从给青年文化提供滋长土壤的媒体体制和环境层面来分析,政治力量的逐渐淡化、经济实力的不断侵入以及民间参与意识的日益萌发可以说是当前我国媒体环境发展的客观条件。政府对媒体内容和经营政策的管控已进入后WTO时代,主要体现在两个具有代表性的文件中:一个是2001年的《关于深化新闻出版广播影视业改革的若干意见》,该文件的出台昭示着政府角色已经从经济活动主体转变为政策条例的制定者和监督者;另一个是2003年的《中共中央宣传部、文化部、国家广电总局、新闻出版总署关于文化体制改革试点工作的意见》,该文件将广电业划分为公益性事业和经营性产业两类,前者负责宣传,后者涉及的大部分产品和服务面向市场和公众(胡正荣 & 李继东,2007)。此外,2015年,中办和国办联合印发的《关于推动传统媒体和新兴媒体融合发展的指导意见》,对学界业界探讨多年却进展缓慢的"媒介融合"问题给予了最高政策上的支持和帮助。政策上的支持、媒介融合的实质性推进、网络传播地位的上升以及外来资本的有效引进等因素,加快推进了媒介渠道的更新发展和媒体内容的繁荣丰富。

(三)"地球村"青年在后喻文化时代的身份探寻和参与实践

麦克卢汉关于"地球村"的寓言在如今已经成为无可争议的社会现实,数字媒介通信技术的飞速发展让人与人之间的沟通跨越了地理空间的界限,信息传递零负荷且具有时效性。随着3G网络、4G网络设施条件的进一步完善,局域网在各种公共场所中的覆盖面逐步扩大,形形色色的数据处理终端更加智能化,网络社会已然作为一种新的社会形态发展起来。就中国网络发展现状而言,据中国互联网络信息中心CNNIC第34次调查报告显示,截至2014年6月,我国网民规模达6.32亿,手机网民达5.27亿,其中,网民中使用手机上网的人群占比提升至83.4%;在网民的构成中,18岁—35

岁的青年群体占比最大。由此可见,中国当代青年和西方同龄人一样,都是技术能者(techno-savvy)。技术形式或操作技能可能会日渐多样化,但青年对技术的热爱和追求以及他们不断学习知识技能的潜力在世界范围内却是同步发展的(Sam George,2003)。

青年文化通常被认为是某种被地理位置约束,通过风格、服饰及多种视觉元素集合而成的具体文化形态(Andy Bennett et al.,2014)。随着全球化进程的持续推进以及数字信息媒介技术的不断增强,青年文化不应仅仅被视为一种由地理空间性质所束缚的文化现象(Bennett,2004:163),它正逐渐成为一种"分享观点"的文化,也就是说,在这种文化形态下的交互沟通不一定发生在如街道、俱乐部或节庆场所这样的物理空间之内,而更多地发生在由网络作为基础平台的虚拟空间之中。以"分享"为主要特征的网络青年文化可以说是社会亚文化的主要组成部分,它主要包括恶搞文化(kusoculture)、非主流文化(non-mainstream culture)、自拍文化(autodyneculture)、网络文学艺术(network art)以及网络娱乐文化等,这些以青年为主要缔造者的亚文化形态日渐渗入社会文化动脉中,以一种反哺的方式带动整个社会文化的交融与发展。

恶搞文化具有张扬个性、反讽社会、颠覆经典、解构传统等特点(胡疆锋,2008),网络恶搞是后现代文化的体现(Cai & Liu,2008),它不同于有抵抗性特征的反文化(counter culture)和负文化(negative culture),它大多源于以青年为主的草根阶层,强调公众在文化领域中的参与。2005年年底、2006年年初风靡网络的恶搞短片《一个馒头引发的血案》让一个自由职业青年胡戈脱颖而出,该片以一种诙谐、叛逆及反商业化的风格在公共空间中调侃了有着豪华阵容、靠巨资包装的"商业大片"《无极》,可谓是当代恶搞的开山之作。此后,恶搞短片可见于多种形式的创作之中。无论是有亿万观众收看的央视春晚,还是林林总总热播的影视连续剧,它们的受众都已经不再满足于被动地接收信息,他们依靠各种先进的新媒体平台主动融入大众讯息的生产和创作之中,真正推动了大众向公众积极转型的时代齿轮。另外,不得不说，网络文学艺术是青年网络亚文化的典范，它通常指在网络上发表的文艺作品、音乐及摄影作品等(Ruihui Han,2014)。1998年，一夜爆红的网络小说《第一次亲密接触》几乎让所有女孩都幻想变成小说中的女主角"轻舞飞扬"，其后，各种超自然小说、城市情感小说、穿越小说和同人文等文学作品俨然成了广大网民休闲时段的精神食粮，也成了近年来电影电视剧内容的补给库。凭借网络超高的覆盖力度，一些青年作家的创作越过繁琐的出版审查而得以直接面向大众。某些作品的实力在其网络点击率和回复度中得到了最直接的体现，大众的回馈在为创作者赢得名声、人气的同时，也活跃了内容匮乏的媒体市场。韩寒、郭敬明可谓是80后作家中的佼佼者，虽说公众对他们的争议从未停止过，但《三重门》《幻城》等青春题材的小说确实在读者群中掀起了较大的反响。有些题材精湛的小说也受到了影视出版商的青睐，形形色色、风格迥异的网络热议原创作品不断地被搬上影视荧幕。上映4天票房就破亿元大关的《失恋33天》改编自80后女孩鲍鲸鲸的同名人气网络小说，创下电视剧收视之最的《甄嬛传》也改编自80后女作家流潋紫的网络小说《后宫》，火遍海峡两岸的电影《致青春》改编自80后女作家辛夷坞的"暖伤青春"系列女性情感小说，还有数以万计时时更新的同人文、原创文学作品浮挂于贴吧、博客、人人网等各种网络应用平台，集聚着众人的智慧，也带动起网民们的参与。

如果纵向比较以上探讨的青年文化形态，可以发现它们有个共通点，即"参与性"，不论是内容生产，还是接受消费，参与都意味着某种程度上的双向互动，不断地激发着参与者主动建立自我身份的潜能。80年代出生的中国都市青年在享受物质富庶、经济繁荣以及信息充盈的同时，也面临着社会转型过程中价值观迷失以及道德意识滑坡的挑战，因为以往高度集中的意识形态已伴随着全球化发展的步伐渐渐地融入了消费主义(consumerism)、唯我主义(egotism)等多元价值观念。如今的年轻一代有着与其父辈不同的对独特文化身份(cultural identity)的强烈追求(Liu Kang,2012)。而这种身份特征(identity)则通过诸如语言、宗教、食物等大量的文化符号得以体现

(Watson & Caldwell, 2005)。新媒体时代，被称为"技术能者"（techno-savvy）的青年群体运用数字化的技术和符号创造了亚文化，而这种文化生产方式孕育了年轻人向长辈传授经验和知识的空间，从某种程度上印证了美国社会学家玛格丽特·米德所说的"后喻文化"时代的来临（王玉冰 & 刘昕，2006）。比如，网络流行语可以说是青年们追求自我认同、塑造身份特征的鲜明体现，这些新颖的名词被用在各种语境之中。如果谁还不知道"神马都是浮云""给力""hold 住"等语汇，就仿若跟不上时代的脚步，挤不上青春的列车；有些流行语在被用于制造娱乐的同时，也被用在评论社会热点事件上，大多时候有种诙谐反讽的色彩，一句"元芳，你怎么看？"成了 2012 年度网民对众多争议话题最热的评论，这句话被反复地用在房价、医疗、食品、安全等社会热点议题中。此时，某些流行语已突破了最初的娱乐性质，年轻一代对这些网络俚语的创造运用，其实从侧面反映了他们渴望打破权威、消解神圣、追求平等的精神（刘胜枝 & 王飒飒，2013）。

青年的参与实践不仅推动了娱乐文化产业的发展，而且也使某种形式的娱乐具备了政治或社会属性，提高了青年自身的公共意识和社会责任感。以青年为主体的"粉丝文化"或"迷文化"（fandom）已经不再纯粹地代表休闲娱乐了，这类文化其实也为年轻人提供了创造、互动、商议社会规范的情境（Anthony Y.H. Fung，2009）。"粉丝"在为共同的偶像欢呼或对共同感兴趣的话题进行探讨的时候，也在找寻着某种归属感，这种探寻过程是对自我身份确认的过程，是追求被视为"青春期自我的最重要成就"的"自我认同"的过程（邵蕾，2012）。粉丝间相互切磋的内容不仅局限于娱乐，也有其对价值观、道德观以及伦理观的探索和追寻，在这种自下而上的社区建构中，每个人都从自身态度、生活方式和价值观出发，贡献着自己的智慧和力量，促进着相互间凝聚力的形成，自愿地充当着"非物质劳工"（immaterial labor，Lazzarato，1996）。特别是在一些社会公共议题的讨论上，粉丝群的参与热情得到体现，这也可以说是"生活化政治"（Bennett，1998）形态的显现。另外，还有一批活跃在各种新媒体平台上的青年"草根意见领袖"，他们在网络中对自己关注的社会热点发出意见和呼声,很多观点对促进社会健康发展有着建设性的意义。比如,2011年,女大学生小阳向广州政府职能部门申请公开光亮工程可行性报告,并在微博上征集1,000个"大拇指",呼吁更多的人参与这项活动;2012年,"微笑表哥"事件中大二学生刘艳峰要求地方政府公布表哥工资,希望全社会深层次地关注这则舆论热点事件,共同推动政府信息的公开;还有曾为乙肝病毒携带者维权的青年雷闯、持续性地与网民交流的网络公知向莉Alice以及长期坚持参与各种志愿者活动的众多青年群体,他们对社会公益事业的参与热情和毅力不仅有利于提高当代青年的公民意识,而且有利于整个社会的和谐进步。

五、网络技术的革新

社会发展进程中,信息技术的更新换代令人瞩目,昨天人们还在为怎样区分传统媒体和新媒体、线上空间和线下生活争执不休,今日就已经开始为怎样界定融合媒体、共有媒体而陷入深思。数字技术的不断革新,不仅改变了媒介生态环境,更重要的是,它是改变社会结构、经济增长方式、沟通交流方式、生活形态等方面的重要因素。美国学者道格拉斯·凯尔纳提出了"媒体奇观"(media spectacle)的概念,此概念深刻地反映了社会现实,"组织和推动了当代经济生活、政治冲突、社会交往、文化和日常生活",它"成为组织当代政体、经济活动和日常生活的基本原则之一"(道格拉斯·凯尔纳,2003:1)。基于曼纽尔·卡斯特的定义,网络(network)是由一系列相互连接的节点(nodes)组成的。网络中没有中心,有的只是节点。节点通过汲取信息以及有效地处理这些信息来提升它们对网络的作用力,所以,并不是所有节点对于网络都是必需的(Castells,2002:3)。显然卡斯特对网络的定义是比较宽泛的,该定义的优点在于其弹性很大,可以轻松地涵盖多种不同形态或形式的研究领域和范围,比如,"网络个人主义"(networked individualism)、"网络国度"(network state)或"网络中的网络"(network of networks)

等。但是,其缺点在于其指向了"单向维度"(one-dimensional)。当我们发现网络无处不在的时候,我们得到了什么?何时何事都可以作为网络而存在吗?其实并不是。对于卡斯特有关网络的定义最重要的一条评述就是该定义太过宽泛了,该定义是隐喻的,有学者将其形容为"空洞的标注"(Felix Stalder,2006:170)。当然,卡斯特对网络的方法性研究还是比他对网络的定义更加具体和确切的,只不过其对"网络"定义的词句略显宏观和简短。

此外,不得不提一个人,他不仅是卡斯特在加州伯克利大学多年的同事,而且他与卡斯特也经常彼此介入各自的研究领域,这个人就是福瑞约夫·卡普拉(Fritjof Capra)。卡普拉为卡斯特对网络的定义注入了更多鲜活的元素,他的相关论述,如"为理解自然和社会现象而建立的崭新统一的框架"①为理解卡斯特网络理念提供了一个很好的切入点。卡普拉认为,网络是对于所有生命都具有普遍性的一个模式。我们在哪里看到生命形态,哪里就有网络(Capra,2002:9)。也就是说,生命是一个进程(process),而非只是一个系统(system);生命并不是由个体的单一部件决定的,而是被整个互动进程影响的(Stalder,2006:172)。基于对生命的理解,卡普拉提出了以网络为中心的关于生命的观点(a network-centric view of life)。该观点阐述了生命系统(living system)和其外部环境(its environment)之间的相互关系,即整个生命系统内部进行着自我新陈代谢和循环更新,外部环境中也存在着若干个不同形态的生命系统,不同的生命体间进行着有机联系和相互作用(Stalder,2006:175)。如果把生命系统看成网络中的节点,那么网络的定义应该同时基于它的所属节点以及节点间的相互联系。在网络中,节点之间应该是平等的;如果有节点单独施令于其他个体,那么这样的组织结构不应称为网络,而应只是一种集权性质的等级结构(a centralized hierarchy)。

---

① 原文:Capra's "new unified framework for the understanding of natural and social phenomena" provides a good entry point into Castells's notion of the network.引自 STALDER F.Manuel castells:the theory of the network society[M]. Cambridge:Polity,2006:171.

在网络世界,"地方空间"(space of places)已经转向"流动空间"(space of flows)。"地方空间"指独特的、存在丰富的地理纽带和历史联结点的地方,而"流动空间"则意味着缺乏地理纽带、有某种无时间特性的空间组织。从以上对"网络"定义的阐释和对"网络空间"内涵的说明中我们可以看出:其一,人们虽然仍生活在地方空间里,但是,流动空间已经成为信息社会支配性的空间形式,网络已成为构建社会和经济生活组织的基础之一,线上和线下生活的分界已经不再明晰,网络日渐成为真实世界的反映;传统媒体和新媒体之间的界限也已日益模糊,人们为其赋予定义的速度追赶不上信息技术更新换代的速度,融合媒体已经不再是其字面意义上媒体技术设备的简单集合,而应该是一种文化或意义创造的参与过程。正如亨利·詹金斯指出的,不管媒体设备有多么先进,融合并不发生在媒体设备中,而是发生在个体消费者头脑中,还发生在他们互相交往的过程中(Jenkins,2006:3)。也就是说,詹金斯认为,融合代表着一种文化转变,消费者被鼓励去寻找新的信息并在散布的媒体内容中建立联系,观众现在正在新的媒体系统中工作和表演(胡泳,2008:80)。其二,自20世纪末万维网兴起开始,互联网的发展大致经历了几个阶段,从最初的门户时代到搜索时代,从以博客为主的Web2.0时代到社交网络时代,每个阶段的信息量和信息组织方式都发生了巨大的变革。当前媒介生态环境已进入融合发展阶段,意义的产生不再是单维度的传输过程,而是一个多元复杂的参与构建的动态发展进程;各种媒体形态间的界限已经不再分明,人们的参与通过各种媒体事件或共同的兴趣爱好集合在一起。学者胡泳指出,我们不应该再把媒体生产者和消费者分成不同的角色来谈论,现在,我们可以把他们视作依照新规则彼此互动的参与者(胡泳,2008:79)。在传统媒体时代,人们习惯于获取而非创造,人们对意义的认识受到传统媒体的影响;在网络上,信息生产的普遍性使观点异常多样,绝对真理的权威性被无数个体消解,一个复杂多元的意义世界在网络上形成(师曾志 & 胡泳,2014:142)。

可见,"网络"已经不能仅仅从技术平台或技术设备的角度来定义了,它是一种"流动的空间"。在网络世界中，虚拟是现实的真实反映，现实生活也因网络世界而更加美好。生活在21世纪的人们已经成为各种各样媒体平台的使用者，能娴熟使用技术设备的他们已不再是单一收取信息的"受众"，而是参与创造信息者或意义的"创造参与者"。他们既是信息的生产者，又是意义的接收和消费者，意义产生于人们时时参与的集中智慧之中。技术的革新给人们提供了参与的平台，而人们的参与也使网络世界更加具有生命力。

第三节　影响青年参与的因素

如果说前两节是从历史观和当代观的宏观层面来看中国青年参与环境的话，那么本节则是从微观视角，也即研究实践操作层面来看青年参与的作用因素；如果前两节是对整个参与大环境的观察和回顾，那么本节就是从个人实体出发，从影响个体的自身因素和环境因素着手进行分析阐释。本节是在梳理以往文献研究的基础上，对几个主要的参与因素进行详细说明，一方面弥补了国内相关现有实证研究中变量不太明晰的不足，一方面为后两章的实证研究提供基础性铺陈材料，也为其他同领域的调查研究提供参考素材。与网络相关的研究常把网络作为外在的技术力量，分析它对社会、政治、文化、经济诸方面的影响（杨国斌，2014：1），但把这种传统的社会科学因果分析法应用到互联网的相关研究中，容易陷入技术决定论的思维模式中。当然也有学者注意到了技术决定论偏狭的思维模式，转而接受了情境论，但这种研究取向仍有一定的问题，因为它只看重情境，技术本身变成了表面现象（杨国斌，2014：11）。因为在情境论的观点中，技术变成了结果，这与将技术看作原因的技术决定论一样，把问题简单化了。就如学者杨国斌所言，"技术决定论夸大了技术的作用，而环境决定论则把技术当作偶然的、边缘的力量，这两种观点都忽略了人的意志、目的和实践"。有关这方面的论述，学者曼纽尔·卡斯特(Manuel Castells，2002：5)也曾提到过，他认为，应综合地看待技术与社会的关系，不能简单地将二者视作直接的因素关系，而应综合地进行考虑。本书该部分论述将会综合地考虑影响青年社会或政治参与的个体因素和环境因素，不会将技术看作影响社会某方面发展的独立力量，而是将其当作新的文化形态，嵌入人的主体思维意识活动和影响个体行动的社会环境中去。通过之前的文献查阅和整理，我们可以大致将媒体使用、媒介素养、个体主观性、政治兴趣和政治效能纳入个人因素方面；将社会资本和社会化影响纳入环境因素的阐述中。这几个方面也许不能完全将影响青年公民参与的因素囊括，但确实是众多相关研究常常提及的方面，故在本小节整理论述，为后续研究提供基础参考材料。

一、个体因素分析层面

(一)媒体使用

如果说以往的社会参与关乎的是物质进步和分配矛盾，那么新的社会参与则关乎个人的自主性和自我实现(杨国斌，2014：43)。当下，青年的社会参与往往是围绕某个媒介事件或社会热点议题而展开的，可以是组织性的，也可以是个人化的，参与内容是温和改良型的。数字时代媒体的繁复性使线上和线下的界限不再明晰，公域和私域渐已融合。可以说，在数字信息时代，个人媒体使用与其社会参与行为是相互依托、密不可分的。

以往的研究显示，媒体使用和非正式的交流互动网络与个体的社会参与是息息相关的(Gil de Zúñiga, Veenstra, Vraga, & Shah, 2010)。从现有的研究资料中可以看出，有关媒体使用和公民参与关系的研究有两种走向，一种是从媒介渠道展开的，另一种是从媒介内容入手的(Lesley Hustinx et al., 2012)。

首先，不同的媒介平台对于公民参与是有不同的影响力的，因为各种各样的媒介具备各式各样的功能(Shah et al.，2001)。比如，普特南认为，电视是公民参与的"元凶"(Putnam，1995a，1995b)，他的这一观点又被称为"时间置换假说"(time displacement hypothesis)，当然，"时间置换假说"也遭遇到了其他学者的质疑(Norris，1996；Volgy & Schwartz，1980)；也有学者认为，读报看报会导向正面积极的政治参与(Norris，1996；Shah et al.，2001；Wei Wu Zhang & Stella C. Chia，2006)。随着Web2.0时代的到来，互联网被认为是能激发人们参与热情最为有效的工具(Gustafsson，2012)，比如，"另类政治"(alterative politics)就非常依赖于网络(Dahlgren，2013)。规模较大且功能较多的网络倾向于为参与者提供更多的动员信息，媒介接触越多，个体探讨公共议题的概率也会相应地增多(Gil de Zúñiga，2012)。

其次，从"媒介内容"的角度来看，有很多研究表明，公民参与在很大程度上是基于个体如何使用媒介的。有些学者注意到了不同的媒介类型给予公民参与的影响是不同的，如信息获取和网络社区建立被认为和公民参与呈现正相关关系(Gil de Zúñiga，2012)；而娱乐性质的媒介使用被认为会造成公民参与度的降低(Shah et al.，2001；Wellman，Haase，Witte，& Hampton，2001)。还有，信息化媒介(如新闻节目)对公民的行为具有导向作用(Eveland，2001)。科幻小说和真人秀节目的红火被认为与公民参与是负相关的，而对公共事务或事件的关注会促进积极的公民参与(McLeod et al.，1996，1999；Norris，1996；Sotirovic & McLeod，2001)。以往的研究一般认为，对公共事务的关注会产生正面积极的公民参与，而娱乐性的媒介使用会使参与行为减少。但是，近几年有很多研究表明，娱乐性的媒介使用可能也会产生正向的公民参与结果。比如，一些研究粉丝文化的学者通过实证研究证明，粉丝行为会促进参与性文化的产生，进而推进了公民参与；学者亨利·詹金斯常以哈利·波特的粉丝为例证实其观点，他认为，哈粉的集聚力很大可能使其成为积极的参与公民(Henry Jenkins，2012)；有些学者强调，一些在线游戏会通过连接许多公民社会而将消费者转换为公民

(Kahne, Middagugh and Evans, 2008)。

(二)个体主观意识

在有关中国网络的学术研究中,经常存在两种常见的观点,一种是将网络视为民主化的力量,一种是认为社会情境对人们的参与行为有决定性的影响。这两种观点也就是学界经常探讨的"技术决定论"和"环境决定论",前者过分简单地在技术与社会之间画上等号,而后者却片面地将一切归因为简单的环境。这两种观点无论倒向哪一方,都会造成思维观念的片面绝对化,都忽略了人们自身的主观体验和生活参与经验(杨国斌,2013)。伯瑞德将近年来有关公民参与的研究进行了二次文献分析,他认为,影响公民参与的因素分散在不同层次,包括宏观环境因素、人口统计因素、社会行为因素以及内在心理因素。其中,内在心理因素主要包括认知性因素、情绪性因素以及个人动机目的等。认知性因素主要指与参与模式相关的知识、信仰、态度、意见以及社会文化价值观(Zukin et al.,2006),另外还有其他与参与模式相关的认知性因素,如社会信任(social trust)、体制信任(institutional trust)、对于好公民的信仰(beliefs about good citizenship)以及内在和外在的效能感(internal and external efficacy)。效能感通常指对于某种行为能够产生预期效果的信任感。政治效能感常被众多学者用来当作测量研究对象公民参与的控制变量。与公民参与有关的情绪性因素主要包括负面情绪和正面情绪两方面,前者如对社会不公的愤慨、对受到歧视的不快、对现状的不满等,而后者集中于对过去参与经历的满足、对体制机构的自豪等(Flanagan et al.,1998)。另外,社会认同感(socialidentifications)和个人动机目的(personal motivations and goals)也是与公民参与心理层面因素息息相关的要素。社会认同感主要指个人对某社会团体或族群心理上的归属感。个人动机目的包括诸如获得知识和信息、获取经验、发展人际关系、提升个人自信或自身认同感等。由此可见,在实际调研过程中,衡量个体外在特征的统计变量虽常常被纳入研究之中,但是个体心理层面对于其参与行为的认知理解以及自身的意见情绪发展取向也是十分重要的。

公民参与领域研究中有情感行动(affectiveaction)一词,学者杨国斌认为,在日常生活中,情感占据核心地位;没有情感的生活,就是没有活力的生活(杨国斌,2013:254)。在以往依托网络平台发起的社会公共事件中,很多都包含广大公众的情感动员过程。杨国斌还指出,网络事件的发生,应是一个情感动员的过程,传统社会运动理论中的资源动员和政治过程的理论范式是不能充分揭示网络事件的动因和意义的。激情、爱、信仰、忠诚等情感,在集体认同中均占有重要的地位,往往是这些情感因素鼓舞着人们做出行为性的抗争。以往社会参与中的情感动员常常需要使用宣传口号、标语和音乐等模式,如"文革"时的样板戏、大字报。在网络数字新媒体时代,人们则常常依托博客、视频、微信、播客等各种各样的媒体传播平台释放自己的情感能量,成为其参与行为的动机。在情感表达上,网络事件大体分为两种,一种以悲情为主,一种却带有戏谑的特点(杨国斌,2013:259)。前者包括很多能激起民愤的弱势群体事件或能引起人们道德伦理思考的事件,如"孙志刚事件""山西黑砖窑事件""虐猫事件""小悦悦事件"等;后者主要包括网络流行语和恶搞两方面,"艳照门事件"后,"很傻很天真"见诸网络各种话语调侃之中,"神马都是浮云""元芳,你怎么看?"用于表达人们对现实不公正事情的态度。恶搞对于中国网民来说应该是耳熟能详的事情了,2005年的一部电影《无极》差不多让全中国百姓都记住了胡戈。民众的参与使传统权威面临着随时被解构的可能。可见,情感力量在人们的参与动员中占有极大的分量,在公共空间进行的话题讨论往往不是冰冷的,持续性的议题探讨需要源源不断的情感支持。

二、环境因素分析层面

(一)社会资本

社会资本可以被定义为能够促进产生表达性和工具性公民行为的资源(Joonmo Son, 2007)。社会资本已经被众多学者认为是理解社会因素如何促进个体和集体行为的重要维度(Bourdieu, 1980, 1983; Coleman, 1988, 1990; Lin, 1982, 1997, 2001)。在研究社会资本和公民参与的关系方面，存在三种理论视角。首先，皮埃尔·布尔迪厄(Pierre Bourdieu, 1986)强调通往资本的不同渠道，他认为公民参与不仅仅是个体对于自身兴趣的追求；其次，詹姆斯·科曼(James Coleman, 1988, 1993)认为，社会资本观念是基于理性选择理论之上的；最后，普特南(Putnam, 1995, 2000)非常强调规范、信任、互惠、社会网络以及合作行为与社会问题解决之间的相关性。

当思考如何测量社会资本对公民参与产生的影响时，许多学者进行了很多尝试，为后续研究提供了宝贵的参考材料。有些研究以个体和集体为介质来思考社会资本的功用性(Son & Lin, 2007)，而有些研究则强调紧密型资本(bonding, Putnam, 2000)和搭桥型资本(bridging, Son, & Lin, 2007)的作用力。紧密型资本侧重于显示亲朋好友、同事家人等熟人间的联系网络；而搭桥型资本侧重于显示非熟人或疏散人脉间的联系网络。也有学者用社会信任(social trust)和社会联系(socialconnectedness)作为社会资本的两个维度，来检测它们对个体公民参与所造成的影响(Zhang & Chia, 2006)。但多数有关社会资本的研究显示，紧密型社会资本和搭桥型社会资本会经常被研究者当作测量社会资本程度的指标。但不管如何，社交网络被认为是和公民参与呈正相关关系的(Mou et al., 2011; Shen, Wang, Guo, & Guo, 2009)。

可见，社会资本已经成为衡量公民参与非常重要的参考指标，有学者还进一步区分了网上社会资本和网下社会资本(Zhijin Zhong,2014)。每个人都有其生存的社会交往圈,在信息弥漫的网络空间,他们也会通过各式各样的媒介平台接触到形形色色的个人或群体,个人意见和行为的生成时时受到外界的鼓励、期待和检测,而个体为了获得认同或心理上的归属感,也可能会参考他人的意见来规范自己的言行。社会资本日益成为检视个体公民参与程度不可缺少的变量。

(二)社会化的影响力

社会化是一个学习的过程,是个人在其生命历程中所接触到的形形色色的个人、团体、机构组织等对其产生影响的过程(David M. Newman,2012)。也就是说,家庭、朋友、同龄人、老师、学校、宗教组织以及媒介都会潜移默化地对个体的自我认识、价值观、情绪态度以及行为产生影响。在这里,我们要强调政治社会化(political socialization)这个概念,因为政治社会化是青年关注社会公共事务、从事社会或政治参与非常重要的方面。罗伯特·斯格(Roberta Sigel)认为,政治社会化指个人从现行(政治)系统接收并实践的规范、价值观、态度和行为。杰克·麦克李奥德(Jack M. McLeod,2000)提到,青年在观念导向高但社会导向低的家庭中会更加关注媒介公共事务且拥有更多层次的公民知识。观念导向指让孩子接触到有争议性的议题,并且鼓励孩子表达自己的意见;社会导向指父母注重权威式教育,忽略人际间争论式的沟通交流。这里强调两点:一是政治社会化的形式由传统的自上而下的家长式模式(top-down transmission model)渐进转化为公民社会化动态模式(dynamic aspects of civic socialization)。前者把青年看成对父母和老师传授的信息的被动接收者,即青年在整个学习过程中没有任何信息反馈;而后者注重积极公民(active citizens)的培养,注重在青年的学习过程中置入多种观点,增加对议题的讨论。二是政治社会化的内容已逐渐由对传统政府和执政党官方信息和行为的关注过渡为对社区活动、志愿公益等非正式政治活动或社会公共活动的重视。

传统的自上而下的家长式社会化模式在一些学者的论述中是存在一定问题的,已经不能很好地适应当代社会发展对于个人成长的要求。如,学者麦克李奥德在其文章中提到,在传统的社会化模式中,孩子被认为是被动的、毫无互动能力的学习者,人们更多地注重早期孩童的教养过程,而忽视了其青年晚期和成人早期阶段的社会化作用。但社会化影响是动态发展的,是一个持续的过程,其信息思考性的接收过程、倾听各种不同的观点、轮流进行讨论以及意见的协商合作过程等方面的重要性是不可忽视的。较为适应当代青年成长形态的社会化动态模式比较注重过程和形式,并不像传统模式那样比较片面地注重静态的内容。比如,在当前的社会环境中,公民身份的塑造是一个动态的进程。许多出生在中产阶级、有着良好教育背景的孩子并没有成长为积极的公民,反而,一些生长在工薪家庭、没有良好教育背景的孩子拥有着越来越多的公民属性。麦克李奥德认为,从这种现象中我们可以发现,一些父母认为公民身份的获得是一种无需教导、天然的习得过程;此外,虽然一些家庭中父母对与公民性质有关内容的教导是相对短缺的,但是这些家庭里多种多样的沟通相处形式对孩子公民社会化的过程有着很大的影响,比如,家庭意见决策是权威型的还是民主型的,父母与孩子间的交流是争议探讨型的还是强型灌输型的,这些都对孩子公民社会化有着较大的影响。种种家庭沟通交流模式综合形成一种特征性的氛围,对孩子公民社会化进程产生动态的影响。

彼特·道格兰(Dahlgren,2009:58)认为,"公民性"可以被视为"民主的基石",它指对于公共生活多种多样形式的参与。有学者研究表明,人们在其朋友圈中开展的"公民性质的谈话"(civic talk)会增进他们对公民知识和民主价值观的理解,更加有助于他们的公共实践和其公民身份的建构(Mats Ekstrom & Johan Ostman,2013)。这种公民性质的交谈多发生于亲朋好友之间,强调同龄人在青年文化氛围中的横向联系,也强调年轻人在其社会化过程中的积极主导地位。就我国国内情形而言,学校公民教育的内容还是比较传统的,多偏重于教条式的法律法规、政府管理决策以及政治纲领等,虽然是学生经历各项考试必不可少的内容,但是其互动实践性的体现较为稀少。但随着各种文化价值观的集体呈现、国门的打开和全球化进程的加快以及数字技术的更新换代,青年群体有了更多接触到各式各样的信息内容的渠道,也有了进行社会参与的多种渠道;此外,当代青年的学习历程普遍延长了,这也是由社会生产结构、高等教育进一步普及、就业市场对人才的要求以及外来企业的冲击等种种因素造成的,从这方面而言,个人社会化的过程呈现出动态持续的发展态势。

第三章 实践调查
——微信使用、社会资本与公民参与

第一节 大学生微信使用和社会资本对其公民参与的影响[①]

一、背景介绍

微信(Wechat)是腾讯公司于 2011 年 1 月 21 日推出的一款支持 Iphone、Android、Windows Phone、BlackBerry、Symbian 等多种移动媒体平台的即时通讯软体,智能手机用户可以通过手机在线商店进行免费下载和安装使用。据中国互联网络信息中心(CNNIC)第 33 次报告显示,截至 2014 年 6 月,我国手机网民规模达 5.27 亿,在网民使用的上网设备中,手机使用率达 83.4%,首次超越传统 PC 整体 80.9% 的使用率;微博用户数和社交网站用户数都有不同程度的下降,37.4% 的微博用户和 32.6% 的社交网站用户

---

① 此部分已收录至 2015 年在上海交通大学主办的国际传播学会会议论文集,并被授予"最佳论文奖",而后被《中国网络传播研究》收录。说明:此部分数据统计分析由香港城市大学曹博林博士协助完成。

转向使用微信平台(Chun Mao,2014);微信用户规模已接近5亿人,其中,大学生成为主要的用户群体,占总人数的64.51%,男性居多,20岁—30岁年龄段人群占74%。① 微信已成为国内使用范围最广泛的社交网络服务软件(Gao & Zhang,2013)。

在数字化网络环境中,人们生活随着信息技术的更新换代也在不断地进行调整,可以说,技术的发展和人们的生活方式在相互地适应和改造着对方。一出生就被数字媒体所环绕的被誉为"网络族群"和"数字原住民"的"Y世代"青年时而被批判为浸淫在媒介中,逃避现实生活中的竞争和压力的"迷惘的一代"(Liu,2011:181),时而被称为注重消费主义和娱乐的"新新人类"(Tamara Jacka et al.,2013:193),也有学者认为他们是对政治参与毫无兴趣的年轻族群(Li,2005;Zhang,2002)。但是,亚里士多德曾说:"人是天生的政治动物",即对公共生活的关心和参与是人类的本性。生活的方方面面被信息技术渗透的Y世代青年日常的媒体使用和其所具备的社会资本对他们的公民参与行为有着怎样的影响呢?其影响程度又是如何呢?大学生是未来中国经济文化建设和政治生活的重要组成部分,他们也是迥异于其祖父辈且率先享受改革开放所带来的成果以及面临社会转型期困境的群体,如学者刘凤书(Liu,2011)所言,这一代年轻人身上具有双重矛盾性的特征,在他们身上,物质主义和理想主义并存,国际性和民族性兼备,现代和传统并列,他们享受着物质丰富的同时也经受着巨大的压力,他们面临着前所未有的时代机遇但也陷入安全感极度缺乏的困境。因此,本书对Y世代青年在新媒体环境下的公民参与性质和程度的研究不仅在于探索话题本身,亦将有助于了解数字技术如何促进青年公民意识的提升、如何推动公民社会的形成甚至于整个社会主义社会民主政治的进步。

---

① 2014年微信分析报告[EB/OL].(2014-03)[2016-12]. hftp://www.doc88.com/p-1721946875534.html.

二、青年公民参与理论概述

"公民参与"在不同的时代背景和学术阶段有着不同的解释。以前,不少学者倾向于将公民参与和政治参与分开来看待,如普特南(Putnam,2000)将"公民参与"定义为公民联系和参与志愿者组织、参加地方社区以及政治的活动;而"政治参与"则指影响政府政策或官员选举的行为(Delli-Carpini,2004;Zukin, Keeter, Andolina, Jenkins, & DelliCarpini,2006)。公民参与一般定义为旨在解决问题和帮助他人的有组织性的志愿公益行为(Zhong,2014),特别包括参加志愿者行动、参加非政府组织的活动、参与社会机构服务、参加公民性质的组织、为公共事务与大众媒体或地方政府联系、慈善捐赠等行为。当然,一些学者已经在经验研究和理论层面开始重新定义公民参与和政治参与。学者彼特·道格兰(Peter Dahlgren)认为"参与"一词的重要特征是与政治元素和媒介环境相关的。同时,兰斯·本奈特(Lance Bennett)、彼特·莱文森(Peter Levine)等大批学者也认为,随着媒介融合时代的持续发展,"公民参与"的定义不应仅局限于与政治绝缘的志愿组织及社区活动范畴之中,"政治参与"也应该摆脱传统党派政治及与政府有关的政策活动的桎梏,"公民"有了更多"公共"的内涵,"政治"一词也应更多地放在广阔的社会领域中去理解,这一系列思想取向汇成公民参与研究中的"新政治观"。也就是说,广义的公民参与概念会部分地将政治参与包含其中,比如参与选举等行为;而政治参与也将与人们私人领域相关的环境、能源、食品、社会公平和社会安全等公共议题容纳其中。故而,本研究适应当前时代发展的需要并基于学术背景,将公民参与和政治参与结合在一起综合考虑。

随着数字信息技术的持续发展、民主政治的有序推进以及青年社会公共参与实践的逐渐增多,当代青年已逐渐摆脱高度体制化和阶层化的机构模式,倾向于采用去中心化特征的网络结构中更为非正式且零散性质的"易出易进"(easy-entrance,easy-exit)的参与行为方式(Norris,2003);学者斯坦利·罗森认为,当代中国青年政治参与的途径更多地作用于以朋友、家庭以及网络为主的私人领域;学者雷亚文通过实证研究表明,以学生为主体的中国网民更倾向于参与民主话语环境中的活动。本研究着力于说明中国Y世代青年在数字信息时代的参与现状,旨在通过实证调查来证明学者对当代青年积极参与的理论研究导向。

三、文献综述和研究假设

(一)线上和线下公民参与

互联网在国内的更新发展差不多历经了20个年头,在历史性的威权政治体制、转型期国家所面临的机遇和困境以及网民人口基数大等多重因素的影响下,网络在中国具有了特别的意义,常被称为"中国特色的网络"(Yang,2015);如果说改革开放以来,中国的进步在于通过市场化转型发现了作为个体的"我",那么下一步的走向就是如何给社会松绑,通过重建社会来发现作为集体的"我们"(刘瑜,2014)。而网络的发展无疑给社会力量的壮大提供了契机,人们的社会参与越来越多,这对于公民文化的推动是有益的。此前,大学生常被学者评论为对时政和政治漠不关心的人群,网络也常被批评娱乐化倾向严重,但也有不少学者指出,对国家和网民、政治和娱乐、威权和民主等观念的审视不应非黑即白、非彼即此,如今的政治更贴近人们的生活。新一代的年轻人在某种程度上被认为是互联网时代的"原住民",他们的生活方式区别于其祖父辈。从某种程度上而言,网络在中国引领了公民参与的新时代,而网络化的Y世代青年群体也可以说是推动民主政治进步的中坚力量。传统社会中的青年被认为是较为冷漠的参与者,但在数字网络大潮和公民参与"新政治观"的视角下,青年参与行为的线上活动和线下活动或将受到一定的影响。

有众多学者结合当前社会和媒介的发展态势,倾向性地认为网络环境中的公域和私域、虚拟和现实已经开始逐渐交叠融合(Manuel Castells, 2002;胡泳,2006;Rainie & Wellman, 2014)。在此情形下,有些学者开始关注线上和线下公民参与之间的联系。一些学者认为,线上参与可以成为参与者现实生活中参与行为的范本(Best & Krueger, 2005),线上参与过程中所磨炼出的技巧和能力有时可以运用到线下世界(Green & Brock, 2008;Sara Vissers & DietlindStolle, 2014)。例如,学者钟智锦参考美国皮尤互联网研究中心的公民参与测量量表,将"公民参与"和"政治参与"概念有效结合,以广州大学生为研究对象进行问卷调查,研究发现,大学生的线上和线下公民参与存在一定的正向相关关系。本研究借鉴了该项研究中线上和线下公民参与的分类变量,推断同样的研究结论应该也适用于中国其他城市的大学生,即中国当代大学生的线上参与和线下参与应该是相互关联的。

研究假设 H1:当代大学生的线上公民参与与其线下公民参与是积极相关的。

(二)微信使用和公民参与

微信作为移动互联网背景下的一种自媒体,主要有即时语音通信、公众账号和朋友圈三种传播方式。即时语音可实现点对点的人际传播和群体间的多点传播,公众账号是一种一对多的大众传播方式,用户可以根据自身需求对关注内容进行"私人定制",朋友圈是用户之间分享信息以及围绕媒介内容进行讨论交流的场所。据腾讯官方公布的信息,20 岁—30 岁的青年占据了微信用户的 74%。[①] 据 CNNIC 网络调查数据[②]显示,微信用户主要通过 QQ 好友和手机通讯录扩展自己的社交关系群,可见基于微信平台的传

---

① 微信用户属性数据:性别比例和年龄比例[EB/OL].(2012-11)[2016-12-30].http://www.199it.com/archives/76608.html.
② CNNIC:关于网民使用微信的调查[EB/OL].(2013-08-31)[2017-02-01].http://www.199it.com/archives/146238.html.

播主要是以强关系为基础的。2011年至今,经过不断发展,微信上的各种服务和功能不断完善更新,如摇一摇、附近的人、扫一扫、微信支付、微信游戏等,社交弱关系链条逐渐加强,传播属性变得更加多元化,组织传播、群体传播和大众传播均有不同程度的体现(靖鸣,周燕 & 马丹晨,2014)。

我们可以将微信使用视为宏观的媒介使用层次。在过去的几十年间,大量西方学者的研究表明,媒介使用与政治和公民参与之间存在正向相关关系;媒介使用和非正式的网络讨论与个人的公民或政治参与也呈现正向相关关系(Gil de Zúniga, Veenstra, Vraga, & Shah, 2010)。而更为常见的是将微信视为个人的社交工具。近些年来,探讨社交媒体使用与公民参与的关系亦是一个重要的议题。在探讨SNS使用、社会资本和公民参与之间关系的文献中,SNS使用时长和使用频率在公民参与中扮演的角色受到广泛的关注(Ellison et al., 2007; Wilson, Gosling, & Graham, 2013)。SNS在中西方最具有代表性的媒介平台分别是Facebook和人人网,但微信凭借手机移动和腾讯强大的基础用户群,现今已成为使用范围最广的社交媒体,并且,微信集合了即时通信、社会交友、博客、群聊、新闻推广等功能,成为集社交媒体服务和即时通信等功能于一体的综合性媒体平台。但目前研究微信使用的文献还比较少,仅有少量文献研究探讨了微信的功用和动机等(Chun Mao, 2014; Che Hui Lien & Yang Cao, 2014)。基于已有的大量关于SNS使用和公民参与的研究,以及微信包含社交媒体服务的广泛应用实际,结合上文对媒体使用维度的分析,本研究拟从微信使用程度状况和微信使用内容性质两方面出发,探讨这两方面对于大学生公民参与的影响。微信使用程度状况主要包括微信使用时长、近期微信使用频率。此前已有大量研究关注媒体使用频率和时长对个体公民参与的影响,但是随着媒体平台和终端功能的繁复和多样化,仅仅对使用时长和频率的观测并不能满足于对用户媒介整体行为习惯的了解。在多媒体数字时代,媒介平台整体的使用情况更加值得关注。笔者据此提出以下研究问题和假设:

研究问题R1:当代大学生的微信使用行为有何差异?

研究假设 H2-a：当代大学生整体微信使用活动和其线上公民参与呈正向相关关系。

研究假设 H2-b：当代大学生整体微信使用活动与其线下公民参与呈正向相关关系。

另外，微信使用内容性质主要分为对微信平台公共事务的关注和对娱乐性内容的关注两个部分。从媒介使用的内容层面来看，已有的部分研究表明，公民参与在很多时候取决于个人怎样使用媒介。比如，信息获取和（在线）社区建立被认为是和公民参与行为呈正向相关关系的（Gil de Zúniga，2012）；信息类的媒介内容，如新闻节目，容易激发公民具有导向性质的活动（Eveland，2001）；对于公共事件或事务的关注已被认为是政治参与的催化剂（McLeod et al.，1996，1999；Norris，1996；Sotirovic & McLeod，2001）。近年来，政务微信发展已经成为突发事件应急管理、公共管理、社会管理等的新手段，随着越来越多的党政机关、社会组织、主流媒体和意见领袖入驻移动网络舆论场，微信舆论场已成雏形。[①] 有学者表示，微信上的许多公共事件舆论，都是在"微信群"和"朋友圈"中产生的，用户可以依据自己所掌握的信息搜索相应的公共账号，在群平台和朋友圈中可以实现个体关注信息的交流和互换，也许微信并没有形成微博中对公共事务集体围观的壮大景象，但是它在酝酿集体情绪、深层情感交流、发起串联和组织现实社会行动方面都体现出了特有的优势（毛湛文，2014）。另外，尽管有娱乐导向的媒介使用常被认为与公民参与呈负向相关的关系，比如，娱乐造成的视线转移，使公众对公共或政治事件的参与冷漠（Shah et al.，2001；Wellman，Haase，Witte，& Hampton，2001）。但近年来的学术研究趋势表明，以上两者间也可能呈正向相关的关系。比如，有些学者发现，粉丝活动滋生的参与性文化容易促进公民参与行为；学者詹金斯认为，"大众文化的发展是为更有意义的公民文化的勃兴做准备"；就

[①] 政务微信增强各级政府公共事务处理及行政监督能力[EB/OL].（2014-08-10）[2016-02-02]. http://www.xaecong.com/html/news/20148/10122043.html.

中国情境而言,某些学者指出,虽然中国互联网受到政府规制且网民大多的在线行为是带有娱乐导向的,但网络有助于网民从娱乐性的讨论转向围绕某些重要社会议题而建构的更加严肃的话题讨论(Jingsi Christina Wu, 2014)。有学者通过探访国内在线翻译组成员,认为经由粉丝活动繁荣起来的参与性文化能够转换为深层次的公民参与行为(Weiyu Zhang & Chengting Mao, 2013)。微信用户可以关注自己感兴趣的娱乐信息公共账号,如音乐、影视、体育、游戏、娱乐新闻等。另外,由于媒介融合和移动通信的持续加温以及 Wi-Fi 在公共场所的普及,用户已经可以实现平台运用的互联互通和快速切换。综合以上讨论,本书在这部分提出以下研究问题:

研究假设 H3-a:当代大学生对微信上的公共事务的关注和其线上公民参与呈正向相关关系。

研究假设 H3-b:当代大学生对微信上的公共事务的关注和其线下公民参与呈正向相关关系。

研究假设 H4-a:当代大学生娱乐性的微信使用和其线上公民参与呈正向相关关系。

研究假设 H4-b:当代大学生娱乐性的微信使用和其线下公民参与呈正向相关关系。

(三)社会资本和公民参与

社会资本指可以推进表达性以及工具性公民行为的资源,它已经被视为理解社会因素如何加强个人和集体行为的重要维度。如前文所述,关于怎样量化社会资本和测量其对于公民参与的影响,许多学者基于各自的研究发展出不同的参考指标:有的学者强调个人和集体应作为衡量社会资本使用的两个重要变量;有的学者强调紧密型和搭桥型两个社会资本维度;还有的学者对社会资本的两个方面——社会信任和社会连接进行区分,并对这两方面进行量化,用以检测社会资本对公民参与造成的影响。就社会资本和公民参与的相关理论而言，主要有三种视角。布尔迪厄强调接触资本的不同方式，认为公民参与不仅仅是个人对自身兴趣的追求；詹姆斯·科尔曼指出，社会资本理念是以理性选择理论为基础的；普特南非常重视规范、信任、互惠以及社会网络和与解决社会问题相关的集体行动。

  对公民参与的研究需综合考虑技术和环境两方面对参与者的影响。技术决定论者倾向于将网络本身和与网络有关的媒介应用视为公共领域或公民社会建构的决定性因素，并认为其最终能够推动中国的民主进程。但社会资本在一般的网络运用研究中被视为与公民参与和政治参与相关联。也就是说，媒介参与行为不能完全等同于公民参与(Bennett，2008：4)，参与者的学习、工作和生活环境对其自身主观意识以及社会关系的影响都是无法忽视的，应把这些环境因素视为影响公民参与的重要因素。故本研究从紧密型和搭桥型社会资本两个维度进行分析。紧密型社会资本一般强调以亲朋好友为主的强关系(strong ties)，而搭桥型社会资本一般强调弱关系(weak ties)。有学者指出，人们更加倾向于通过亲朋好友的介绍进行公民或政治参与，因为参与成本以及其后带来的报酬补偿对于他们来说会更合适一些(Kitts，2000)。有时个人也会因受到所在团体组织的压力而进行公民参与(Paik & Navarre-Jackson，2011)。故而，一些学者认为公民参与主要是通过强关系的影响而得以发展的(Bennett，Flickinger，& Rhine，2000)。当然，也有学者提出，置身于弱关系中的人们会获得很多关于公共议题的信息来源(Paik & Navarre-Jackson，2011)，特别是网络化的个人会有更大的空间，根据自身的激情、信仰、生活方式、专业领域、工作兴趣、爱好参与到多种社会关系和公共讨论之中(Rainie & Wellman，2014：13)。

  尽管在社会资本对公民参与的影响关系方面有很多的研究著述，但是大多没能更多地结合数字网络环境展开，这点缺憾在学者钟智锦的研究中也有论及。另外，学者钟智锦在其研究中，据威廉斯对社会资本的定义，将社会资本分为线上和线下社会资本两个维度。研究结果显示，大学生线上紧密型和搭桥型社会资本与其线上公民参与呈正向相关关系,与其线下公民参与的相关关系不显著;而大学生线下紧密型和搭桥型社会资本与其线下公民参与呈正向相关关系,但与其线上公民参与的相关关系不太显著。因本研究主要想从技术和环境的角度,分别以微信使用和社会资本作为对应分析维度来检测大学生公民参与的现状,所以,本研究在社会资本维度方面重点强调线下社会资本。故而,本研究密切结合当前移动互联媒介融合的发展态势,审视"Y世代"中受过良好教育和具备良好素质的大学生群体的社会资本与其公民参与之间的关系。依据相关研究文献,此处提出以下研究假设:

研究假设 H5-a:当代大学生紧密型社会资本与其线上公民参与呈正向相关关系。

研究假设 H5-b:当代大学生紧密型社会资本与其线下公民参与呈正向相关关系。

研究假设 H6-a:当代大学生搭桥型社会资本与其线上公民参与呈正向相关关系。

研究假设 H6-b:当代大学生搭桥型社会资本与其线下公民参与呈正向相关关系。

四、研究方法

(一)抽样

本研究采用问卷调查的方法,从微信使用和社会资本两个维度调研中国 Y 世代大学生(年龄在 18 岁－35 岁)的公民参与现状。本研究采用滚雪球的抽样方法。由于笔者于 2013 年由国家公派至德州农工大学(Texas A & M University)传播学系学习访问,期间认识了很多从我国各地方派来学习访问的老师,所以先将问卷发放给来自北京、武汉、天津、南京等大中城市不同专业领域的大学老师,然后由老师们以电子邮件的方式将问卷随机发放给他们的学生。每份问卷填写时间大概在 10 分钟左右,问卷统一回收至 genysurvey@163.com 邮箱。自 2014 年 12 月下旬发放,至 2015 年 1 月底,共回收问卷 575 份。

(二)测量方法

1. 人口统计变量

本研究将七个人口统计变量作为控制变量:年龄、性别(M=1,W=2)、教育程度、家庭月收入、婚姻状况、专业以及政治面貌。教育程度分为三个层次:本科、硕士研究生、博士研究生。家庭月收入包括奖学金、教育资助、工作收入以及家庭资助等,设置从"少于 1000 元"到"大于 5000 元"六个选项,中位数是"3001—4000 元";专业包括人文社科、经济管理、理工科、医学、艺术以及其他几个方面。

2. 政治效能和政治兴趣

尽管一些学者倾向于从内在效能(internal efficacy)和外在效能(external efficacy)两个方面来测量与个人公民参与相关的政治效能,但近年来越来越多的学者倾向于用单独的变量测量政治效能。比如,提出"个人是否认为像自己一样的个人能影响政府或政治决策"这样的问题。又如,让被访者对"我对政治感兴趣"这一陈述进行自我评估,评估层级以 5 点制为基准。

3. 微信使用

大多学者在以往的研究中发现媒介使用与个体的公民或政治参与呈正向相关关系。现有的研究资料显示,若探讨媒介使用和公民参与之间的关系,一般要从媒介渠道和媒介内容两个方面展开调研(Hustinx et al., 2012)。

在媒介渠道方面，本研究参考了一些学者所著的论文，从微信使用时长、使用频率、微信朋友数等方面探索研究对象的媒介使用情况。如，提问"您第一次使用微信是在什么时候？"选项包括"从未使用过""小于6个月以前""6-12个月前""1-2年前"以及"2年多以前"；提问"您每天使用微信的时长是怎样的？"选项包括"从来不用""每天少于30分钟""每天30-60分钟""每天1-2小时""每天多于2小时"；提问"您在微信上有多少个朋友？"选项包括从"少于50人"至"多于200人"5个选项。此外，在使用微信不同的行为类型的量化上，本研究参考了相关论文的量化指标。在媒介内容关注方面，被访者会被问及他们对公共事务或事件、娱乐性内容投入多大程度的注意力，问卷采用5点制选择量化的方法，设置了从"从不"至"强烈关注"若干选项。

4. 社会资本

该部分的量化方法部分借鉴了学者爱立森2007年的研究，且依据研究对象和情境的变化进行了相应的调整。5点制李克特测量法被用于此，问卷设置了从"强烈反对"至"强烈同意"几个选项，用来测量紧密型和搭桥型社会资本的情况。比如，在量化紧密型社会资本时，问卷设置了包括"在学校，我可以找到信任的人帮我解决问题""如果我需要急用1000块钱，我可以在学校放心地求助某个人"等选项。在量化搭桥型社会资本时，问卷设置了包括"我感到我是校园社区团体中的一分子""我对大学发生的事情都有兴趣""校园是一个美好的地方""我将来毕业后，会捐钱给我的学校"等选项。

5. 公民参与

该部分量化方法部分借鉴了学者钟智锦以及美国皮尤研究中心的研究成果，从线上公民参与以及线下公民参与两方面给出量化指标。比如，线下公民参与行为包括加入学生会或非政府机构（NGO）、关注或讨论新闻话题、为了公民议题或事务联系有关政府或媒体部门、参加投票选举活动、参加志愿者活动、捐款或捐赠等；线上公民参与行为主要包括加入虚拟社区、浏览公共或社会信息、上传与公民议题有关的信息/图片/视频、在线讨论一些社会公共事务或政治议题等。

五、数据分析

参与本次调查的大学生性别构成良好，其中，男生 315 名(占 55%)，女生 300 名(占 45%)。83% 的参与者为本科生，平均年龄为 22 岁。另外，参与者的所属专业较为均衡：36% 的参与者来自人文社科专业，32% 的参与者来自理工科专业，另外 32% 的参与者来自经济管理、医学等其他专业。

调查结果显示，恰好一半的大学生已使用微信 1—2 年，另外 40% 的大学生已使用微信半年到一年左右。大学生平均每天使用微信的时长为 30—60 分钟，微信上好友的数量均值在 101—150 人之间。为了回答研究问题，作者统计了大学生在微信上的各种活动。在微信的各种功能中，参与调查者使用得较为频繁的功能(见表 3-1)包括：发送文字或语音即时信息($M=3.43$, $SD=1.03$)，给微信朋友发布的内容点赞($M=3.28$, $SD=0.97$)，翻看微信推送新闻报道($M=3.18$, $SD=1.04$)，在微信朋友圈评论别人发布的照片($M=3.09$, $SD=0.98$)。大学生通过微信获取有关时政新闻或社会热点信息的平均频率为 3.28($SD=1.00$)，大学生整体上对公共事件的关注度居中($M=3.01$, $SD=0.69$)。大学生在微信上关注娱乐性活动(如看电影、看肥皂剧等)较少($M=2.53$, $SD=0.78$)。此外，大学生的社会资本较强，其中，紧密型社会资本($M=3.53$, $SD=0.65$)比搭桥型社会资本($M=3.43$, $SD=0.59$)略多。

表 3-1 大学生微信使用情况

	M（SD)
在微信朋友圈评论别人发布的文字信息	2.74(1.10)
在微信朋友圈评论别人发布的照片	3.09(.98)
给微信朋友发布的内容点赞	3.28(.97)
发布微信群消息	2.80(1.11)
组建或加入某些微信群	2.81(1.00)
发送文字或语音即时信息	3.43(1.03)
翻看微信推送的新闻报道	3.18(1.04)
订阅官方新闻报道	2.84(1.06)
探讨社会公共议题	2.63(1.00)
发布个人生活动态	2.94(1.02)
发布个人学习动态	2.58(1.02)
发布"心灵鸡汤"	2.42(1.11)
发布社会公共新闻或公共热点事件	2.39(1.06)
发布时政新闻或政策信息	2.28(1.00)
用微信组织或参与社群/社区活动	2.31(1.09)
总值	2.79(.69)

表 3-2 社会参与各自变量之间的相关系数

	线下社会参与	线上社会参与	微信使用频率	公共事务关注	微信娱乐使用	搭桥型社会资本	紧密型社会资本
线下社会参与	1 550						
线上社会参与	.57** 530	1 553					
微信使用频率	.41** 528	.43** 531	1				
对公共事务的关注	.19** 547	.13** 550	.45** 549	1 572			
娱乐性质的微信使用	.32** 541	.30** 545	.56** 545	.36** 563	1 566		
搭桥型社会资本	.22** 542	.21** 547	.28** 543	.29** 564	.17** 557	1 566	
紧密型社会资本	.06 545	-.02 548	.13** 549	.24** 567	-.07 564	.47** 561	1 570

* $p \leqslant .05$,** $p \leqslant .01$,*** $p \leqslant .001$。

首先,如表 3-2 所示,大学生的线上公民参与($M=2.42$,$SD=0.67$)比线下公民参与($M=2.30$,$SD=0.62$)多。线上社会参与和线下社会参与存在较强的相关关系,相关系数为 0.57($p \leqslant 0.01$)。因此,H1 得证。

为了找出各自变量与公民参与行为的关系,我们用不同自变量对公民线上参与行为以及线下参与行为进行了多元层级的回归分析。在控制了性别、年龄、教育程度、政治效能感和政治兴趣的影响之后,大学生的微信使用、微信新闻关注频率、对公共事务的关注、以娱乐性质为导向的微信使用、搭桥型社会资本及紧密型社会资本将在模型中得到更清楚的呈现。

表 3-3　大学生线上和线下公民参与情况

	线下公民参与		线上公民参与	
	模型一	模型二	模型三	模型四
性别	.10*	.09*	.07	.05
年龄	-.12*	-.12*	.02	.03
教育程度	.00	.03	.01	.01
政治兴趣	.16***	.12**	.12*	.08
政治效能感	.12*	.06	.08	.04
微信使用		.28***		.41***
对公共事务的关注		-.06		.05
娱乐性质的微信使用		.16***		.05
紧密型社会资本		-.01		-.14**
搭桥型社会资本		.11*		.14**
调整后的已解方差	.08***	.23***	.03***	.23***
个案数	503	503	509	509

* $p \leqslant .05$，** $p \leqslant .01$，*** $p \leqslant .001$。模型一包括控制变量，模型二包括控制变量和主变量。表中系数为标准化回归系数。

假设 H2 关注的是大学生整体微信使用与线下和线上公民参与的关系，从表 3-3 的结果来看，微信使用与线下公民参与（$\beta=0.28$，$p \leqslant 0.001$）和线上公民参与（$\beta=0.41$，$p \leqslant 0.001$）都呈正向相关关系。因此，H2-a 和 H2-b 都得到证实。另外，H3 涉及大学生对公共事务的关注与他们线下和线上公民参与的关系。同样由表 3-3 的结果显示，大学生对公共事务的关注与其线下公民参与（$\beta=-0.06$，n.s.）和线上公民参与（$\beta=0.05$，n.s.）之间并没有显著的关联。因此，假设 H3-a 和 H3-b 都未能被证实。再有，H4 提出了大学生娱乐性质的微信使用与大学生的线下与线上公民参与之间呈正向相关关系。由回归分析的结果来看，娱乐性质的微信使用对大学生的线下公民参与（$\beta=0.16$，$p \leqslant 0.001$）有显著的正影响，H4-a 被证实；但娱乐性质的微信使用对大学生的线上公民参与并没有影响（$\beta=0.05$，n.s.），因此，假设 H4-b 未能被证实。

H5 和 H6 分别涉及紧密型与搭桥型社会资本对大学生线下和线上公民参与的关系。回归分析结果显示,紧密型社会资本并未影响大学生的线下公民参与($\beta=-0.01$,n.s.),但负面影响了大学生的线上公民参与($\beta=-0.14$,$p\leqslant.001$)。假设 H5-a 未被证实;另外,H5-b 所关注的紧密型社会资本与线上公民参与有关联,但呈现出负向相关关系。除此之外,搭桥型社会资本与大学生的线下公民参与($\beta=0.11$,$p\leqslant 0.01$)和线上公民参与($\beta=0.14$,$p\leqslant 0.01$)都呈显著的正向相关关系。因此,假设 H6-a 和 H6-b 都得到了证实。

第二节 调查讨论与小结

本研究通过对 575 名大学生进行的问卷调查,首先呈现了大学生微信使用的概况,其次着重揭示了大学生的微信使用及其社会资本是如何影响其在线下和线上的公民参与的。概括来说,本研究发现,微信已经成为大学生生活中重要的一部分。大学生平均每天使用微信半小时至一小时,比较频繁地在微信上发送信息、点赞评论和查看新闻推送。另外,大学生的紧密型社会资本高于其搭桥型社会资本,而且其线上的公民参与多于线下的公民参与。更重要的是,本研究发现,大学生的微信使用在很大程度上与他们的线上、线下公民参与活动呈正向相关关系。另外,他们的搭桥型社会资本也都与其线上、线下公民参与活动呈现出正向相关关系。由此,我们可以从以下三个方面进行思考。

首先,有数据表明,微信已经日益成为超越其他社交媒体的供人们沟通联络的工具平台。微信平台提供群聊,接收和发送语音、图片、视频、短信,朋友圈分享,互联网购物,理财,游戏等服务,还额外提供基于位置的社交插件"摇一摇""漂流瓶"等服务,支持 18 种语言,可以在 200 多个国家使用。本研究发现,大学生对微信的娱乐性使用与其线下公民参与呈正向相关关系,而用微信关注新闻等公共事务的行为对其线下公民参与没有显著的影响。这也部分验证了学者詹金斯提出的理论观点,即娱乐性媒介的使用有时也会对人们的公民参与产生正面积极的影响。现如今,智能手机已成为时下年轻人喜爱的数字通信终端,琳琅满目的手机软件正填充着人们越来越多的零散休闲时间,在地铁、公交车站等公共场所随处可见拿着手机上网的年轻人。从国内媒介环境来看,"参与""互动"已逐渐渗入媒介内容的制作和传播中,各种类型的真人秀节目占据着头版头条,电影、体育新闻、在线游戏等节目在播放时都会有"弹幕"以供观众进行交流讨论,年轻人在娱乐自我的同时也会潜在地获得"参与"的理念,随之嵌入现实生活的社会参与当中去。

其次,本研究显示,具有较多搭桥型社会资本的大学生会表现出更多的线上和线下公民参与;而具有较多紧密型社会资本的大学生,却有较少的线上公民参与活动。日本学者小林哲郎(Kobayachi, 2014)提出了"通讯茧化效果"(tele-cocooning effect)理论,即以手机为代表的移动媒体的使用会使人们与相似的朋友和亲密家人之间的交流更加频繁,在稳固强关系的同时,却在一定程度上减少了异质化的弱关系之间的交流;也就是说,人们倾向于维护自己现有的社会关系,而人们的社交时间和状态在某种程度上是恒定的,在维系强关系的时候,往往会占用扩展弱关系的时间,大学生在不同的关系类别上所消耗的精神和情感比例可能不一样。而对社会公共事务的参与,大多时候并非发生在熟识的亲朋好友之间,而是发生在以弱关系的维系为主的某些社会事件或社会公益组织中。所以"通讯茧化效果"理论或许可以解释为何有较多紧密型社会资本的学生参与线上活动较少。

最后,随着经济全球化过程的持续深入、数字信息社会的崛起以及后工业社会的到来,很多学者开始重新思考"公民参与""政治参与"的定义,政治有了公共的内涵,脱离了传统党派政治话语体系的桎梏,而公民参与也日益具备了政治属性;一些学者认为,网络现已高度渗透人们特别是青年的生活,在现实生活中的政治或公共参与壁垒堆积且屏障过多的情况下,人们有较大的可能通过网络进行参与，其自身的公民意识潜移默化地得到了提高。学者刘瑜指出："在当今中国，对政治的真正关心，并不是指关心领导人的起居，而是关心普通人的日常生活；不是关心事件，而是关心正义。"从本研究可以发现，大学生的线上公民参与要多于线下公民参与，也就是说，加入某些公共组织、参与投票选举等一些传统的线下参与行为并没有在青年群体中占据主流位置，反而是在网络上对公共议题或新闻进行评论、讨论、转发或参与某些虚拟社区活动等行为更频繁。另外，线上与线下公民参与的关系是正向相关的。由此可以看出，青年并非不关心政治或对社会公共问题冷漠，他们可能从渐已成为其生活范畴的网络社会中进行社会参与，一方面是因为网络参与成本和门槛低，另一方面是因为大多数字社交媒体平台设置了新闻推送以及媒体与用户交流互动的平台，从某种程度上促进了大众对社会公共事务的关注，推动了其公民参与行为。

第四章　实践调查
——数字时代青年志愿者的服务持续性

第一节　数字时代青年志愿者志愿服务持续性的原因[①]
——对 12 名青年志愿者的访谈分析

一、研究介绍

"志愿者"(volunteer)一词来源于拉丁文 valo 或 velle，意指"希望、决心或渴望"。学者本内尔(Penner，2002)认为，"志愿行为"可以被定义为一种惠及他人且有某种组织形式的、长期的、有计划性的社会行为，且被视为公民参与的一种非常重要的形式；志愿工作对于提高青年与社区团体互动的能力、促进他们形成正确的价值观和成为积极的公民等有积极作用。

21 世纪，随着经济的迅猛发展、政治权威话语体系的解构、网络数字技术的不断更新、多元价值观和文化的繁茂，被冠以"Y 世代"称谓的青年享受到了改革开放带来的社会福利和发展机遇，也在社会转型过程中遭受到了前所未有的来自教育、就业、婚姻等诸多方面的竞争和压力。尽管如此，我

---

① 此部分已发表于《青年探索》2015 年第 5 期，总第 197 期，第 39—45 页。

们也看到仍有大批青年志愿者长期服务于社会公益事业。据中国青年网报道,截至2013年年底,国内有2,000多所高校成立了青年志愿者组织,有4,000多万青年在网络志愿社区注册。[①] 那么,哪些原因能让青年志愿者持之以恒地进行社会参与呢？林林总总的网络空间平台对他们的持续性参与有哪些助益呢？探索志愿者持续进行社会参与的原因,有助于了解当前青年志愿者志愿服务的心理需求以及青年持续进行社会参与的动机和现状。特别是通过对某些典型志愿者的深入观察和了解,探索其公民意识的构建取向,有助于正确客观地评价"Y世代"青年在社会发展中的作用以及他们的参与现状。

二、相关研究概述

长期以来,志愿活动被视为公民参与的一种非常重要的形式。就影响青年长期进行公民参与的原因或因素而言,以往的研究主要在个人层面和环境层面给出诸多答案,如人口特征(Wilson, 2000; Penner, 2004)、个人特性(Atkins et al., 2005)、媒介使用(Lasswell, 1948; Chaffee & Schleduder, 1996)、媒介素养(Ferguson & Garza, 2011; Kahne, Middaugh, & Evans, 2008)、社会化影响(Smetana & Metzger, 2005)、社会资本和社会活动(Chau-kiu Cheung, 2004; Kahne & Sporte, 2008)等。特别是学者本内尔创立了首个关于志愿工作参与持续性的原因的模型(如图4-1所示),该模型给出了人们决意成为志愿者且能坚持长期工作的几方面原因。首先,社会压力(social pressure)成为人们决意从事志愿服务的首要因素,社会压力即指志愿者对他们在多大程度上认为他们从事志愿工作有意义的潜在主体认知;这种认知压力越大,人们就越容易成为志愿者(Grube & Piliavin, 2000)。其次,该模型显示,人口统计特征(demographic characteristics)、三

---

① 马婷婷.截至2013年11月底中国注册青年志愿者达4,043万[EB/OL].(2013-12-02)[2016-12-11].http://www.chinanews.com/gn/2013/12-02/5568702.shtml.

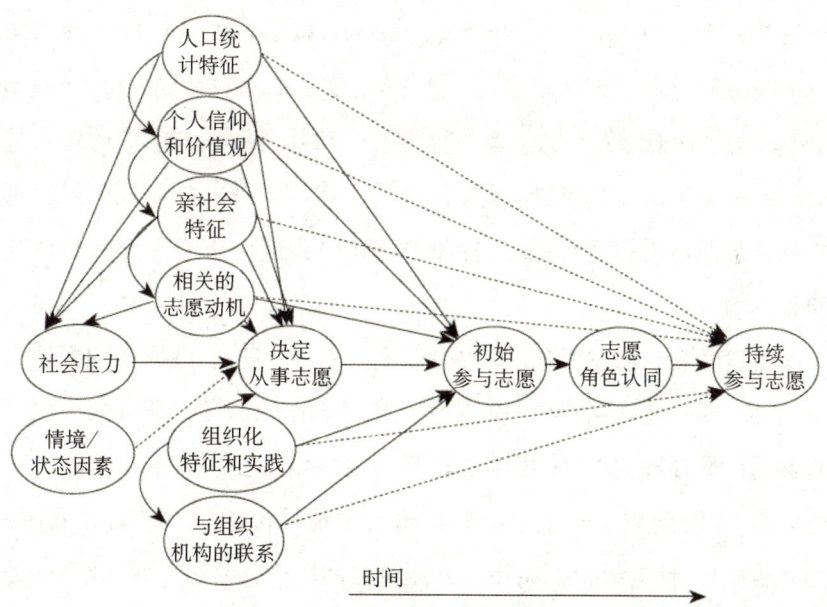

图 4-1　志愿工作参与持续性的原因

* 该模型展示了影响志愿工作持续性的直接原因和间接原因。强影响用实线表示，弱影响用虚线表示。

种情绪意向变量（dispositional variables）以及组织性变量（organizational variable）都与"决定从事志愿"相关。人口统计特征主要包括年龄、工资、教育等因素。情绪意向变量（dispositional variables）主要包括个人信仰和价值观（personal beliefs and values）、亲社会特征（prosocial personality）以及相关的志愿动机（volunteer-related motives）。其中，个人信仰和价值观包括宗教信仰以及其他与亲社会倾向相关的价值观和信仰；亲社会特征包括与亲社会想法、感觉和行为相关的个人特征（Clary et al.，1998）。组织性变量主要包括组织的荣誉感、价值观以及实践，这些变量共同推动着个体对于志愿工作的参与。另外，一些情境状态因素也会对个人是否进行志愿参与产生影响，但是其与以上所述变量相比，效果会差一些。当个体决定进行志愿参与之后，有些因素可能会造成他们在初始阶段从事的志愿工作有所差异。志愿初始阶段工作指个体在从事志愿工作之初所耗用的时间和精力。该模型显示，以上所述变量基本上都会对初始阶段的工作造成影响。与组织机构的联系(relationship with the organization)包括各种以往展现的工作态度,如工作满意度、组织认可度等。再者,志愿者的角色认同(volunteer role identity)同时基于他人对志愿者的行为期待和其持续参与志愿的个人特征(Piliavin et al.,2000)。该模型指出,个体在参与志愿初始阶段的经历将会影响到其志愿角色的建构,而这种角色建构也会成为志愿工作参与持续性的直接原因。

本书以学者本内尔所提供的关于志愿工作参与持续性原因的模型为基础,一方面,对一些长期从事志愿工作且担任志愿团队领导职务的中国青年进行深访调研,以此在一定程度上检测本内尔模型在中国本土范围内的适用性,在前人的研究基础上总结归纳出与本地情况相适宜的理论化模式。本内尔也指出,他的模型可能并不十分确切,但可以起到一个研究指引的作用,并且当时他是以网络在线问卷的方式来建构此模型,而本书则综合运用了网络民族志和深度访谈的方法在检测该模型的基础上进一步探讨有待发现的因素,在中国情境之下总结归纳本土化的理论架构。另一方面,在网络繁复交织的数字时代,网络环境是否会对志愿者的长期持续性参与起到正向引导的作用呢?这也是本研究需要考量补充的部分。就此,将本研究要解决的问题罗列如下:

研究问题R1:在中国社会情境下,主要有哪些原因促使当前以"Y世代"为主体的城市青年长期持续参与志愿工作?

研究问题R2:网络环境的哪些方面使"Y世代"青年的志愿工作具有持续性?

研究问题R3:公民意识是促使"Y世代"青年长期投入志愿工作的原因吗?

三、研究方法

本研究采用质化研究的方法,综合运用了网络民族志和深度访谈的方法。笔者先通过网络民族志的方法观察了中国青年志愿者社群。网络民族志是一种将虚拟环境或在线环境作为研究场所行使民族志社会调查的研究方法,它用多种非面对面的沟通方式来观测且参与媒介生态环境(Evans,2010)。网络民族志方法提供了一种喻义丰富的关于技术和文化之间的意义内核,用以研究与人们的现实生活相呼应的网络生活空间(Weiyu Zhang & Chengting Mao,2013)。笔者先通过搜索引擎查阅与"中国青年志愿者"相关的网站、贴吧、博客等网络空间,探询志愿者群体的构建情况及其沟通交互情况;同时,在后来的一对一深访中,对访谈对象所提供的公益贴吧、空间、微博和微信平台也进行了参与观察。笔者通过中国青年志愿者网加入了五颗心公益联盟组织的 QQ 群,再借助社交网络以滚雪球的方式逐渐扩大受访对象的范围。受访对象来自湖南、湖北、吉林等省份的大中小城市。继而,笔者通过 QQ 或微信,于 2014 年 10 月至 2015 年 2 月间断性地在线采访了 12 位年龄在 18 岁—35 岁的有 2 年以上志愿工作经历的青年志愿者,他们当中绝大多数在各种青年志愿者团队中担任领导职务。接受访谈的青年志愿者来自不同的领域,他们参与的志愿者活动类型和风格也不尽相同。在被访者的性别分配比例上,笔者也力求做到均衡,故被访人员在某种程度上具有一定的代表性。每个访谈的时间基本在 1—2 小时,平均为 1.5 小时,访谈时间的确定大多取决于被访者。访谈过程都比较顺畅,笔者和被访者均没有中途离场或放弃访谈。笔者事先准备了大约 30 多道问题作为访谈提纲,主要起到采访指引的作用,访谈问题大多都是开放型的;当然,被访者也会主动提供提纲之外的但与本研究相关的话题,访谈问题在一次次的访问过程中得到补充和完善。在调研后期,笔者将访谈数据录入质化分析软件 NVIVO 当中,按照所定义的主题进行归类分析,被访者姓名采用编号的形式录入,以确保本研究对个人隐私的合法保护。研究的目的主要是在前人的研究基础上,探索青年志愿者长期从事志愿工作的原因,特别关注在网络数字时代社会化媒体平台在青年志愿工作中的助益。

本研究的重点不是推论,而是要通过深度访谈的方式对以前未曾深入描述的现象进行探讨,以此进一步发现未被深入探究的问题。通过访问青年志愿者中长期坚持志愿服务且担当一定志愿领导职务的典型代表,笔者深入地了解到"Y世代"青年在当前社会发展过程中的积极参与情况以及他们对公民权责的认识。取样过程中,笔者注重资料内涵的丰富性,而不是仅仅关注样本数量。本研究共在线采访了12名长期从事志愿工作和服务的青年志愿者(受访者情况参见表4-1),在前人研究的基础上,依据已经存在的理论思想框架进一步探索更为丰富的元素,同时,注意原有的理论视角在不同的社会环境和时代背景下发生的变化。

四、青年志愿者志愿参与持续性的原因分析

该部分首先会基于学者本内尔关于"志愿工作参与持续性原因"的理论观念模型,在中国情境下以"Y世代"青年志愿者为研究对象,以此作出适合本土范围内的研究的理论解释;然后,对以上访谈资料进行分类和编码,在理解和分析的过程中,从个体和环境两方面提炼出青年志愿者长期参与志愿工作的原因及其参与特征。笔者将从自我实现的参与、积极互动的社会化影响、"集中智慧"的参与连接体验以及参与实践中的公民意识四个部分展开分析,由此,我们可以更加深入地理解当代青年志愿者的参与现状和其源源不断的参与动力。

(一)"Y世代"青年志愿者长期参与志愿工作的原因分析

首先,据本内尔的模型,人口统计特征与人们是否决意参与志愿工作呈重度相关关系,这种关系特征也在学者威尔森(Wilson, 2000)和大卫·史密斯(David Horton Smith, 1994)的研究论述中得以体现,他们均认为具有较高社会经济地位的人会更加倾向于参与志愿工作,大卫·史密斯还将这种观念冠名为"主导地位模式"(dominant status model),即参与志愿服务的仅

表 4-1 受访者的基本情况

编号	性别	年龄（岁）	文化程度	志愿年数	志愿工作职务	父母职业	性格特征
01	女	21	本科	2.5	学校"青年志愿者协会"宣传部部长	铁路职工	开朗、乐于助人
02	女	21	本科	4	学校"爱心社团"组织委员	农民	乐观、有毅力、宽容
03	男	21	专科	3	中国志愿者协会活动策划员	个体户	小心谨慎、做事低调、随和
04	女	22	本科	5	学校爱心公益组组织委员	司机；保险员	开朗
05	女	25	专科	6	学校青年志愿者协会宣传委员会委员；工作后建立定期参与各种类型的社会志愿活动	农民	认真、有责任心
06	男	25	专科	5	学校青年志愿者社团社长；论坛目前已有400人规模	农民	直爽、乐于助人
07	男	25	本科	10	"壹基金"关爱自闭症儿童活动主任	铁路职工	开朗、健谈、有时脾气不好
08	女	20	本科	3	学校"爱心中转站"公益组宣传部部长	个体户	活泼开朗、粗中有细、大方
09	男	22	本科	6	"麦田公益"公益活动组织委员	司机	热爱生活、乐于助人
10	男	23	本科	5	"壹基金"公益宣传委员	公司职工	乐观向上、乐于助人
11	男	30	本科	10	"麦田公益"天津站发起人	公司职工	乐观积极
12	男	27	本科	8	"麦田公益"宣传部部长	企业职工	热爱生活、开朗

是生活富裕、拥有良好教育背景且在社会中居高位的那部分人群,这也提高了许多正式志愿机构的威信和公信力。但国内青年志愿者群体的构成却与此不同。笔者采访过的青年志愿者大多都在志愿团队中身居要职,但他们中的大多数并没有一个十分富裕的家庭,父母的教育背景也不理想,其父母们大多处于"蓝领"或技术人员的社会级别,比如 2 号、5 号和 6 号的父母均是农民,1 号、7 号也出身于普通的铁路工人家庭,部分家庭有双子女。但是谈到家庭氛围时,几乎全部被访者都表示家庭和睦,大多父母是孩子从事志愿工作的支持者和孩子从小为人处世的榜样。如 7 号谈道:"我是独子,我父母的关系非常好,从没吵过架,也没砸过东西,家里很多事情都是大家一起商量的,很多事情只要他们认为我是对的,都会全力支持。" 4 号表示:"家里氛围好,我妈这人心思特别开,她觉得孩子念书不一定就得成龙成凤,她就想给孩子创造比较舒适安静的环境,孩子不一定要拼命学习,当三好学生什么的,她认为开心最重要,能学多少算多少,不要给孩子压力……父母特别开通,如果我想做什么他们都支持……"另外,5 号也谈到家庭经济条件不好是其坚持做志愿者的动因之一,感恩和调适心情是其主要目的,"家里人是农民,重男轻女的思想很重,特别感谢父母没抛弃我,供吃供穿还让我上学,这种深情现在很少了;另外,家里有时有纠纷,父母对奶奶很好,但奶奶还是觉得他们不孝顺,有时家人的心情会比较不好……"可见,"主导地位模式"在目前国内青年志愿者群体当中的表征并不十分突显,相反,倒是经济条件并不十分优越的青年会长期坚守志愿者的岗位;虽然也会有条件非常好的青年长期参与志愿工作,如 5 号谈到"也不是参与志愿工作的人生活条件都不好,我有几个朋友就是'富二代',也做志愿者,一个月生活费七八千元,有次去看自闭症儿童,一个男生回去后哭了,此后,自己每月都会拿出三千元捐助他们"。但总的来说,国内并没有出现发达国家那样的志愿参与"主导地位模式"。

其次,本内尔的模型中将"社会压力"视为人们决意参与志愿活动的直接原因。前文提到,"社会压力"指志愿者对别人在多大程度上认为从事志愿工作有意义以及他们在多大程度上屈从于他人的看法。并且,这种社会压力还直接作用于人们"初始阶段的志愿参与""志愿角色建构"以及其后的"长期持续志愿参与行为"。可见,在本内尔的模型中,"社会压力"对志愿者是否长期持续地从事志愿工作服务有重要的影响,这种社会压力其实也可以理解为一种角色期待。通过对访谈资料进行文本分析我们可以发现,多数被访志愿者被他人寄予的期望越多或越感到别人认为自己的工作有意义,他们从事志愿工作的持久性就越会得到提升。9号被访者曾提到"每回参与完愿活动之后,我经常会在个人QQ空间上传照片,觉得文字的形式可能不太好表达,希望更多的人能看到我们的工作"。笔者追问:"有人针对你发的内容进行回复吗?"对方肯定地回答:"有的。评论很多,基本上我会回复每条评论。通过这种方式,我会结识到很多人。比如我到天津参加的'麦田计划'就是通过这种方式加入的。"另外,笔者也发现,当志愿者在与其兴趣相投、有共同志向的人群中获得肯定和认可的时候,他们的志愿参与行为也会更多地持续下去。如,7号被访者谈到"我会有一些QQ群、微信志愿者群,群里有认识的朋友,也有彼此互不认识的志同道合的人,在他们中间聊天,我可以完全不加保留地向他们说出我的感受和所做过的事情,而且我的经验会为对方以后从事公益活动提供一点帮助"。可见,他人的鼓励、期许、认同以及共同的兴趣爱好是志愿者有恒心将工作持续下去的动力。正如某些学者所言,"通过志愿服务,志愿者提升了其人脉资本,同时,其社会资源和社会心理也得到了提升"(Hustinx, Cnaan, & Handy, 2010)。在此方面,特别对于青年志愿者而言,在个人成长价值观构筑的黄金阶段,其所获得的社会认可对其自我发展的推动是极为有意义的。

最后,个人基本特性和外界所带来的社会期待共同构筑着志愿者的角色身份,而这种志愿者的角色认同会对志愿者是否持续地参与志愿服务产生最直接的影响(Penner, 2002);而志愿者角色的塑造是在志愿工作的初始阶段完成的,这是一个极为艰难且需各方锻造磨炼的时期,正如11号被访者("麦田公益"天津站发起人)提到的,"做志愿者头一年是最难熬的,但如果能坚持下来,后面的工作就好多了,很多人都是在第一年因为各种各样的原因放弃了,十分可惜"。在从事志愿活动的初始阶段,个人价值观、亲社会特征、相关志愿动机以及组织化特征和实践等其他因素,是个体是否踏入志愿公益门槛、是否愿意长期坚守在社会公益岗位上的重要先决条件。几乎所有的被访青年志愿者都表示,长期从事志愿活动是出于自我价值层面的升华,而并不是出于追名逐利或获取物质补偿等想法;大多被访者愿意观察社会、了解外界动态,2号提到"我们家从我记事开始就坚持看新闻了,我还有一年就工作了,家里人就对'大学生就业'这块特别关注,还有一些务农政策、物价、房价什么的";8号被访者也提到"自己对社会热点比较感兴趣,平时也会和同学们聊起;比较喜欢看《南方周末》,推送就看,关注热门话题"。志愿组织机构的声誉、价值观的提倡以及社会实践的形式等方面也在某种程度上推动着个体的长期参与,8号提到"一般我们搞活动,会主动联系本市高校青年志愿者联盟,高校联盟具有一定的公信力,我们就将捐款先转给联盟,然后由联盟发放到贫困山区;再如和福利院建立了长期合作关系,有特色活动时他们会给我们固定的名额"。5号谈到"四年来,我们每月两次把自闭症儿童做的手工和绘画展出来义卖,义卖得依靠'红十字会',有了正规的渠道,义卖的行为才不违规,合乎一定的规则和程序;有一次我们在广场上给别人免费放电影,就被当成了骗子,当时心里是不太好受的"。可见,有了组织团队的力量支持,有了权威部门的支撑,公益行动才能更加稳妥、更加持久地开展下去。

由此来看,本内尔提出的志愿工作参与持续性原因的模型基本上适用于国内"Y世代"青年志愿者族群,但在人口统计学特征方面可能会有些出入,也就是说,并不是家庭富裕、教育程度高、社会地位高的人群更容易长期从事志愿公益活动。从国内的现实情境来看,可能家庭环境并不是很好、教育程度也较为普通的青年会把更多的精力投入志愿服务事业。但通过访谈,我们可以了解到,生来集荣宠于一身、被称为"富二代"的部分青年也会坚持参加公益活动,只不过从访谈交流中可以看到,这部分青年的比例还是比较小的。另外,其他方面的因素,如个人价值观、亲社会特性、组织化特征和实践等在访谈沟通中都有不同程度的体现。此部分在本内尔模型的基础上做出了基于国内青年公民志愿参与现状调查的深度探索,在验证此模型在国内情境适用性的同时,也突显了本土情形中的特征。以下部分将就"Y世代"青年志愿者参与志愿服务持久性原因的本土特征进行分析,一方面深入探索国内青年志愿者的参与情况,另一方面实现国际范围内关于青年公民参与观念思想构建的对话,同时特别关注在数字信息时代,繁复的网络平台如何在维系志愿活动持续性过程中起作用。

(二)"Y世代"青年志愿者长期参与志愿工作的原因及其特征

1. 自我实现的参与

志愿服务在公民参与中占有非常重要的位置。在关于青年公民身份或权责的论述方面,西方·学者兰斯本奈特(Lance Bennett,2008)认为,公民身份是动态发展的,置身于社会和媒介变迁过程中的青年开始较少地以一种义务被动的心态去参与诸如公民正式团体或党派机构组织社会政治活动,他们注意力的天平开始逐渐向生活化的政治参与倾斜,因为在这种参与过程中,他们的个人表达以及自我实现的成就感或归属感会得到较大程度的体验(可参见本书第一章第一节的论述)。从访谈所得到的资料来看,大多被访者在访谈中自然流露出能长期参与志愿服务多是出于自我锻炼的愿景,可能最初参与某组织机构的志愿工作是源于功利、从众或服从所处团体的某些要求等,但让他们长期坚守于此的还是出于对自身理想的追求,特别是碰到某些触发点时,这种想要坚持的想法就会更加牢固。也可以说,个人若在组织团体范围中融合得更为密切,他们就更有可能将志愿服务长期地进展下去。其个人价值观的提升是出于对自我的追求,也有社会的期待和鼓励,二者是相互促进且紧密联系在一起的,前者是个人在实践过程中自身观念的打磨,后者是个人在社会化历程中的成长。

4号:"感觉做志愿是美好的,如果没有这个感觉,想热闹玩玩什么的,就可能不易坚持;要端正态度,态度决定一切;还有,在工作中的自我升华,让人感到做志愿是对的,是正确的……"

7号:"我参与志愿者活动,但是我从来没有主动要求过加入一个公益组织。因为有些人认为加入公益组织是一种荣誉荣耀,而这些就是为了满足人们的虚荣心,但我觉得做公益没有什么荣誉荣耀,更多的是付出,我一直很崇尚列夫·托尔斯泰的一句话:'关心公益是每一个有教养的人应做的事。'我认为我是在尽一个义务,而不是在履行一个所谓的光荣使命。"

6号:"和你说实话吧,2010年进大学的时候,当初就立下志愿,要借助各种平台让一万个人认识我,要好好奋斗,所以参加了学生会和青年志愿者组织,当初的想法没有太单纯,但是后来慢慢进入这个团队后,和大家做一些公益性的事情,每搞完一次活动,内心就感觉特别舒服,就爱上了志愿活动。后来当社长时,就告诉下届同学,如果加入青年志愿者社团,就不要抱有任何杂念,包括我现在就对之前有那样的想法感到特别惭愧……"

8号:"最重要的原因是爱心和热情。公益本身让我保持热情,世界有不完善的地方,需要公益事业去填补。公益是生活的一种添加……"

学者本内尔在其2004年的论文中论及志愿参与触动点(volunteer activators)这个概念,认为其是个人决意参与志愿公益服务的重要原因。志愿参与触动点指可以激发个体成为志愿者的促进因素(Penner,2004);这种触动点可以是某人生活中的某些特殊状况,也可以是能引发一些思想和情绪的图片和讯息。总之,某种特别的情境或情绪可能会像起爆器一般引发志愿者长期从事志愿工作的愿景和志向,而这种触动点很大程度上会成为志愿参与者长期参与自我奉献的公益活动、关心社会公共事务以及不断提升自身价值理想潜能的契机。在访谈过程中,好几位被访者深入描述的事情让笔者印象深刻。

7号:"初中时,我有个朋友,他家穷,开春的时候都买不起袜子,他经常光脚穿着鞋走路,由于脚受了凉,后来得了肾炎,他家人没钱给他治病,不久后他得了尿毒症,大家知道得晚,也没能帮上忙,三个月后他就过世了……还有,上高中时无意认识的一个混混,他不欺负人,由于父母双亡,奶奶年迈,他想办个低保都不知道怎么办,最后只能上街乞讨了……这两件事是对于我志愿工作触动最大的,也是在我青春叛逆期遇上的,我受到的感触和影响是非常大的……"

2号:"有一次,我在图书馆,看到两个女孩不顾周围人的眼光在捡矿泉水瓶子,我就上前问她们是不是学校爱心社团的,她们回答是的,我特别感动,也很骄傲。这件事情可能很小,但我觉得能把志愿工作坚持下去的,往往是将其落实到自身日常生活当中的人……"

5号:"亲眼看到自闭症儿童父母的辛苦。有位母亲活得非常苦,她1.75米的个子,留了好久的头发舍不得剪,就为了把长长的头发换90元钱,但她从来没有放弃自己患有自闭症的小孩……"

4号:"大学时,我和敬老院的一个老爷爷关系很好,因为我没有爷爷,就感觉那个老人特别亲。有一次我走的时候,说有可能不再来了,他听后十分激动,非得给我一个印着'十佳老人'的饭盒……去年,大年三十那天,那位老人还打来电话,当时我们家人都特别开心……"

另外,自我实现的公民参与强调的是一种自己生活经历或经验中的社会或政治参与过程,从某种程度上突显的是个人主义的参与倾向,不受制或束缚于某种规则或条款,在自我的磨炼和实践中得到价值观的升华。例如,有几位被访青年志愿者并没有依靠某个组织或机构,而是自己策划发展志愿活动。

7号:"我今年25岁,做志愿工作将近10年了,平均每个月都做,自然灾害或事故发生时会更加勤快一些。有时候会联系当地的一些志愿机构,但大多情况下的志愿活动都是我单人完成的。我曾在汶川地震时挨家挨户地找人捐款,在我兼职的地方大街小巷地上门跑,有时被人当成骗子从店里踢出去,但周围了解我的人还是愿意捐的,两天时间就募集了2,000多块钱。那个时候,我的室友们也给了我很多精神上的鼓励……"

5号:"自己平时也会参与志愿活动,主动分享自己的活动经历。比如,上司开了一家装潢公司,我和他总是聊到志愿公益,他就主动要求参加公益活动,他会带着公司里的员工一起参加。他对自闭症儿童很真心,因为他家也有小孩,但他并没有借志愿活动为自己做任何商业营销宣传。"

可见,自我意识以及自我实现的愿景在志愿者长期参与社会公益的历程中占有十分重要的位置,这种持续不断的自我追求是个人思想提升的主观愿望和社会外界角色期待的集合,而个人志愿参与中所经历的某种触动点对其长期的志愿坚持有着重要的巩固和维护作用。另外,自我实现的参与还表现在参与过程中个人主义的显现上,个体自身对于参与主控力的掌控有所提升。

2.积极互动的社会化影响

社会化是一个学习的过程,是个人在其生命历程中所接触到的形形色色的个人、团体、机构组织等对其产生影响的过程(David M. Newman, 2012);也就是说,家庭、朋友、同龄人、老师、学校、宗教组织以及媒介都会潜移默化地对个体的自我认识、价值观、情绪态度以及行为产生影响。就青年公民的参与层面而言,政治社会化对青年关注社会公共事务、进行社会或政治参与有非常重要的影响。按照罗伯特·斯格(Roberta Sigel)的定义,政治社会化指个人从现行(政治)系统中接收并实践的规范、价值观、态度和行为。麦克李奥德指出,在观念导向高但社会导向低的家庭中的青年会更加关注媒介公共事务且拥有更多层次的公民知识。

在访谈过程中,大多数被访者流露出家庭对于他们从事志愿工作的推动和示范作用。而这种作用力并不直接来源于家长命令式教育或口头教育,大多来源于父母身体力行的行为示范。

2号:"助人的想法和家庭有关,无论是爷爷奶奶还是爸爸妈妈,言传身教吧。他们可能不会去说什么,但他们会那样去做,就会给我留下印象,可能我小的时候不太明白,但慢慢就会懂了……记得小时候,邻居家失火了,把重要的玉米机烧光了,我爸爸就把我们家的给了出去,当时我很不理解,觉得自家都没有了,干吗还要给别人,后来慢慢懂了……每次人家有事的时候,我爸绝对是第一个去的,别人也愿意找我们……"

3号:"我觉得自己能持续做志愿活动的最重要的原因和妈妈有关,我妈总说人是很善良的,应该去帮助别人,她信仰基督,感恩善待上天自然回馈给整个人类的东西……从小我们住在村里,人穷,街上来了乞丐,本来家里就很紧张,我妈还会给他们吃的,大人做什么,小孩都会记住的。"

5号:"妈妈年轻的时候,有次差点没命,多亏别人相救,捡回一条命,所以我的家人都很支持我做志愿工作……"

7号:"我记得小的时候,我们家后院有个老奶奶,年岁特别大,她的儿子小时候被烧伤过,是学校里的火灾,我们家人就去帮忙做饭做菜;我的姥姥信佛,她经常和我妈妈一起谈论公益方面的事情,还有就是做善事或收留小动物,以前我家感觉像是动物园一样……"

此外,父母的性格特征以及思维方式可以给孩子的志愿公益参与带来积极的影响,几乎所有被访者都谈到自己的家庭氛围是和睦融洽的,且他们自己的性格几乎全部都是乐观向上、乐于助人或活泼开朗的。如,4号提及"父母挺支持我做志愿活动的,他们特别开通";8号谈到"父母比较开明,觉得子女从事公益是对社会的反哺和贡献,他们认为大学生不仅要学习,还应该将精力和能力放在公益活动上,可以扩宽视野"。

另外,在问到"政治对你意味着什么"的时候,大多数被访者多会机械地回忆初中课本里关于"政治"的描述,但谈着谈着总会把话题转到自己的生活经历上来,他们会以自己的视角以及自身所处环境来诠释对政治的理解。如,3号被访者回答"政治对我的含义是分阶段的。初中时,政治就是国家的事;高中时,突然觉得政治离我们很近,政治虽然无形,但会影响我们;到了大学,我们有时也会成为'政治参与者'。比如,我现在在学校社团,是部门管理员,平时也管10—20人,如果社团更换领导,我们就会考虑人员留用问题,上边的决策完全影响我们是否可以留在社团和社团的发展趋势。"还有些被访者认为政治和社会实践是密不可分的,如果政治有助于实际工作,其本身对于人们所具有的意义会更大。如7号谈道:"'政治'是治理一个区域或国家的大体方略,而'治'更多地体现在事实上,体现在实践上。我偶尔也会关注'政治',因为我觉得有些事情是需要政治作为依托和手段的。前年火灾时,我就去联系了本市的政协主席、本区政协秘书长以及一些其他的民主党派的人士,还有一些爱心企业人士。他们也算从政的,从和他们的交往中我感到,如果把政治和一些社会实践相互结合,利用政治这个平台,便可以发挥更大的作用。"9号也提到"公益活动如与政府有联系,有名誉领导挂名,办事就会比较方便了。但公益与政治尽量不要接触,如果公益团体成为政治筹码,公益的性质就变了"。

在谈及"家里人聊天都聊哪些话题""平时是否关注新闻"等话题的时候,有些被访者会提到家里人会比较关注政治新闻,谈一些社会热点话题,自己有时也会关注新闻信息,或许出于自己专业实践的需要,又或许出于社会交流的需求。如,4号提到"电视大概是在我十岁时买的,爸妈特别爱看新闻,我爱看动画片。妈妈说必须先看新闻,看完新闻才能看动画片,这是我们家的一贯作风,每天7点全家必须守着电视看中央新闻。我妈常说,只有通过新闻才能了解外面的世界,知道的东西多,阅历就会更加丰富……爸妈经常会在一起讨论战争问题,以色列、巴基斯坦之类的。爸爸18岁时当兵,当了3年,爸爸爱看军事新闻。我小时候还看到我家大柜子里放着军装、军帽……我姥爷是老一代的知识分子,他特别崇拜毛泽东、邓小平,因为他是党员……我以前是学文科的,老师会让我们多关注政治类新闻,过节吃饭时,家人讨论的也大多是新闻类话题";5号谈到"我会比较关注农民政策的新闻,因为自己家人就是农民,而中国四分之一的人口都是农民,所以想了解有关的政策动向,别让自家受到损失。也会关注一些政党信息,关注是一定的,这些信息是身在这个社会的人都应该去了解的";6号提到"如果政治意味着背景,背景若有助于你,志愿工作活动就可以顺利展开;如果它是为了突显一些东西而利用我们的平台,我就感觉不太合适。对于个人而言,政治这一块是挺复杂的"。

可见,家庭、学校以及媒体等社会化介质对青年社会参与的促进有着长期潜移默化的影响,这种影响可能不再是一种家长式的权威性的教育模式,而比较注重日常生活化交流中对于社会公共或政治议题的争论和探讨,也较倾向于家长身体力行的示范和规训。孩子不再是被动地接受,而是主动地探寻客观实际、主动参与和构建自己的人生观、价值观,这些主动参与和探讨交流的社会化模式共同作用于青年"积极公民"身份的建构,而这种积极公民模式也会将传统政治概念内化为自身实际生活过程中的参与体验,也为进一步消解象征性权威、落实事实问题提供切实的思想条件。

3."集中智慧"的参与连接体验

数字信息时代,Web 3.0、O2O、B2B、Microblog、SNS等一系列专有术语相继被人们所熟知,当信息沟通实现了移动化,当现实和虚拟的分界线日渐模糊,置身于本时代的人们都能切身感受到网络的存在和时空的脉搏,这种感触对于"Y世代"青年来说尤为深刻。在本项调查中,几乎所有被访者都表示每人至少拥有一部智能手机,且大多熟知各种搜索引擎、社交媒体、新闻客户端等软件的使用。在了解外界信息的同时,他们也以各种形式将网络媒体运用到现实志愿者活动中来。在第一章中笔者曾提到两个概念——集中智慧和连接行动,前者侧重于知识的生产过程,众人智慧的不断凝聚会推动各种公共议题的解决;后者则偏重于借助多层次的社会媒体平台将在流动社会网络中分散的个体信息有效地连接起来。

在访谈过程中,多数访谈者都表示,如果没有网络,志愿组织就不会有如今的规模。可能组织内的个人身各一方,但无所不在的互联网将他们紧密地联系在一起,形成一股合力,共同推动着公益事业的前行。网络平台已经成为志愿活动推行的基础条件,这不仅在于其具有宣传动员的功能,而且一些志愿决策者和领导人还利用其多媒体平台的各种功能进行公益培训、项目决策、活动推广等。如"麦田公益"项目负责人会利用在线语音软件召开组织内部培训会议,将一些志愿者的专业特长或职业特点更好地带入公益活动中,为志愿事业添砖加瓦。可以说,这种群策群力的实干精神是集中智慧的良好体现。

11号:"公益组织离不开网络这个平台,如果离开网络,公益就很难发展下去。青年志愿者也好,社会公益活动也好,活动的组织和开展大多通过网络平台进行联系。比如,我们做的这个'麦田',就是通过网络建立、维护起来的。它一般是通过QQ群或论坛发布一些关于公益活动的通知。志愿者开会、培训都是通过YY语音平台进行的,而后,微博和微信的开通也推动了公益组织的发展。没有网络,中国的民间公益发展就不会有现在这么快的速度。"

3号:"我们的微博客户端都是有实名认证的,我们的粉丝目前有上千人,一般都是内部人先相互加粉,然后通过转发等方式吸纳人进来。转发评论数看具体的情况。3月12日植树节那天我们搞活动,只要分享我们的微博,就会送花盆和种子,那天的微博转发量多达十几万……""我们经常在网上讨论活动方案,我曾经给朋友策划'熄灯一小时'活动,这个方案我曾经做过,能提供完整的方案。"

分散在各地的志愿者并不能时时集聚在一起,网络的超时空特点很好地推进了工作的开展。据被访者介绍,志愿者内部有句口号,即"人人有时间就伸把手干一点",也就是说,公益志愿者需要在做好本职工作的同时利用闲散时间,献出自己的爱心,在公益的道路上相互扶持一把。比如,"麦田"官网上的客服并不是全天候的专职人员,而是来自各行各业的志愿者,谁有空谁就在网站上回答咨询者的问题。另外,青年志愿者也会用自己娴熟的媒体应用技能,主动搭建公益讨论空间、主动联系赞助商支持以及利用不同媒体平台的特征来达到顺利开展公益活动的目的。这是连接行动力的较好体现,有效地聚合了分散在网络空间中的个体,较好地将线上凝聚力和线下行为结合在一起。

5号:"我自己有'百度空间',一开始就几个人,在发展的过程中,队伍慢慢壮大了,现在已经有 400 多人了,自己就承担宣传的工作,因为比较喜欢和别人聊天……"

6 号:"大学时,我们会利用微博等社交平台,通过网上的交流,征募人员参与活动;从身边的朋友入手,再主动联系各高校,邀请青年志愿者们和爱心社团会一起筹办……有些活动经费需要联系赞助商支持。比如,前一阵我们就联系了可口可乐,告诉他们我们会通过海报宣传以及定制他们的产品的方式,帮他们宣传……"

1 号:"我是学校'青年志愿者协会'宣传部部长,部里有 24 个人,我们一起建立志愿者网站,宣传志愿者活动,把每次活动都发到微信、QQ 新生群上,还制作了海报……"

7 号:"去年我在'×基金'(隐去真名)做组委会副主任的时候,我还是赤峰×公司(隐去真名)的项目经理。那段时间,我请媒体朋友帮忙,在互联网上发视频,或把一些新闻消息发布到电视媒体上,再就是依靠政府的相关媒体活动,比如政协新闻发布会或一些活动发布会,来吸引媒体,更多地宣传和支持我们的项目。"

2 号:"我们办得比较大型一点的活动就是'爱心助学基金'发放活动。在发放过程中,市电视台、学校校报和其他媒体相互协助宣传,校报和新闻爱好者协会刊登相关信息,让大家知道他们捐钱的去向,钱用在了哪些地方。本市电视台也会把我们的活动向观众告知一下。我们还会把我们所办的活动发到新浪微博上,并附上我们的图片。"

2 号:"其实我觉得正是因为有了线下的这些活动,你在线上的时候才有东西可以写,你才能有实在的东西去呼吁大家,才能让大家跟着你一起去做。网络平台让人与人之间的联系更加紧密了,让大家知道你在做什么,但我觉得仅仅靠线上去写而没有去做的话,就失去了本身的意义,这样的话就有点功利化了。"

4.参与实践中的公民意识

在访谈过程中,笔者依次询问了被访者对"公民"的理解、对"好公民"的理解以及参与志愿工作前后对"公民意识"的理解等问题。

当问到对于"公民"一词的理解时,大部分被访者都沉默了,思考许久后,从口中挤出相对书面化的词句。比如,6号被访者笑着回答道:"你猜,你问我这个问题我想到了什么?我想到一些初中考试的题目。"9号被访者沉默了许久,回答道:"公民义务……好像初中政治课本上学过,权利、选举什么的;维护家庭,社会和谐,保护环境?"而后可能对自己似是而非的说法感到不太确定,尴尬地笑了一下;8号被访者一板一眼地回答:"'公民'从政治上解释,是属于中国国籍,有政治参与权利的人。在我的印象中,作为中国公民,享有中国社会带给他的权利的同时也要承担一些义务。"此外,也有人直接指出,若正式地回答这个问题,是比较虚泛的,如4号被访者指出,"如果按课本的说法,太夸张,太笼统;如果按实际,作为公民,就是做自己能做的事情,不要犯法,在其位谋其职"。有几位被访者回答这个问题的时候谈到了"公民与投票权""公民与民主"关系的问题,如几位被访者认为自己所经历的民主投票环节其实并没有那样的民主。

2号:"一提到公民,我就想到民主。民主有两个意思——人民、主人。说到公民,就是人民去行使权利。公民应该是一个国家的主人,主人就是我有那样去做的权利,同时还要承担责任和义务。"

5号:"公民一词应该是权利的体现。我觉得自己肯定是个好志愿者,比其他人都要勤奋,把志愿工作当成自己生命中很重要的事来做,最重要的一点就是懂得怎样感恩,所以,我觉得我是一个好志愿者,但不是一个好公民。"

可见,大多数被访者对"公民"的理解是比较书面化、比较传统和狭隘的。但当笔者提到若联系志愿工作,他们是否会对公民的理解有不一样的感悟时,几乎所有的被访者都给出了肯定的答案。

7号:"我觉得通过志愿工作我会成为一个好公民,因为我在行使自己的权利,也在履行自己的义务,而且我还带领别人更多地享受和履行自己的权利和义务……在有些事情上权利和义务是并存的。关心公益对国家、社会、个人和其他人都有很大的影响，你不去关心公益，不去关心别人，不去学会爱别人，别人凭什么要来爱你呢？你不去帮助别人，当你受到苦难时，别人又怎么可能帮助你呢？很多事情是一种平衡，是一种相互的关系，只有你履行了，你才会享有。有些事情不是利益关系驱使的，但是却给你带来了利益，有些事情虽然给你带来了利益，但它未必对你有好处，这是一种互利互惠、平等的关系。我去关心别人，别人才会关心我，人与人之间只有互相谅解、互相关心，大家的生活才会是幸福美好的，只有这样，这个社会才会是和谐幸福的……""在没参与公益前，我认为自己还不是一个纯纯粹粹的公民，而在参与志愿者活动之后，我发现自己可以算是个公民。今天你不提的话，我没有想过'公民'一词的含义，但你今天提了之后，我确实有想过，参与志愿活动之前我只能说我是个'民'，但参与之后，我可以说我是个'公民'。"

8号："我觉得我算是个好公民吧，个人觉得没有给国家添麻烦，是优秀的青年代表。"

4号："如果有心，持之以恒，完全可以通过志愿工作成为好公民。但其实，不一定做志愿者才是好公民，每个人的生活方式不同，也许别人能通过其他方式达到他的目的，但对于我自身来说，做志愿者就能成为好公民。"

2号："从做志愿者的方面来说，我觉得我是一个好公民，我一直在做我力所能及的事；另一方面，我现在是一个学生，学生以学业为主，我虽算不上特别优秀，但我一定是最尽力的那个。公民就是尽力做好自己的本职工作，无论是志愿者还是学生，我会尽力做好自己该做的事。还有在社会方面，尊老爱幼等美德我会坚持下去。我没有觉得志愿者有多么神圣，从身边小事做好，每个人都会是志愿者。"

大多数被访者对"公民"本身的理解较为程式化，多数通过对以往教科书中只言片语的印象来构建对"公民"的理解。由此可以看出，他们并不是出于履行"公民"的社会责任的想法而从事志愿公益活动的，但长期坚守在公益领域的执着，使他们从心底产生了对"公民"更为贴近于实际的认识，可能他们不会单单地构想什么是"公民"，也不会想到自己的志愿行为就是"公民参与",但是长久地参与实践,会让他们更多地从自我生活和工作体验中提炼出对"公民"的认知和看法。从这个角度来看,可以说,国内青年志愿者是从切身实践中打磨出独属于自己的公民意识的,这点和国外青年特别是美国青年是大不相同的。在美国,年轻人常常被号召通过参与各种志愿活动以进入公民和政治社会化进程。笔者在美国访问学习期间,报名参与过所在学校(Texas A & M University)举办的一次年度大型志愿公益活动,此次活动被命名为"Big Event"。学校通过与地方社区合作,将自主报名的学生派往曾向学校申请公益援助的社区进行服务劳作,学生们将帮居民护理庭院、去敬老院看望老人、去农场帮忙喂养牲口等。通过这样的活动参与,学生们还可以获得学校给予的额外学分。另外,在学生较多、环境较为保守的国外城市,宗教文化影响着人们的思想和行为。乐善好施、助人为乐等思想规范化地植入人们脑中,所以大多青年是非常乐意参与公益活动的。在课程设置上,美国有比较完备的公民教育课程,注重公民文化的构建以及学生公民意识的提高。相对来说,国内的公民教育在某种程度上还是比较滞后于人们的日常生活实践的。可能大多数青年已经从事了很多公民范畴中的事务,但他们并没有意识到,这主要是因为他们脑海中对公民知识的搭建较为传统,而事实上,他们在现实生活的行为实践中已逐渐提高了自我的公民意识。

第二节 调查讨论与小结

本项调查研究陆陆续续地进行了有五个月之久,既然是观察青年志愿者的社会参与,那么研究者也力求成为一名参与者,融入志愿参与的环境中。由于当时身在美国,笔者除了在网上观察青年志愿者的网站动态、青年志愿者的群间讨论以及青年志愿者活动的现状之外,也利用课余时间参加了美国当地校方、教会、社区举办的志愿公益活动,身体力行地感受到从事社会公益活动的辛苦和喜乐。无论是在国内还是在异国他乡,虽然社会环境和制度环境都不尽相同,但是所有致力于公益运动的爱心和心境是大体相同的。并且当自身具备了一定的公益社会参与的体验之后,才能更好地融入青年志愿者群体中,对于调查中的深入访谈和沟通互动都是十分有助益的。

本项研究在前人研究成果的基础上,调查了国内青年志愿者的志愿参与现状,了解了成长于数字信息时代的青年群体的社会参与情况。志愿参与行为长期以来被视为公民参与中非常重要的参与活动,以"80后""90后"为主体的被数字信息和网络技术环绕着的Y世代青年群体是当前社会建设的主力军,但他们身上饱受着许多来自外界的诟议。很多人认为这代人享受着改革开放带来的丰硕成果,没有经历过任何资源匮乏时的苦难,个人主义和利己主义严重,缺乏社会参与动力和公益服务精神;也有些人认为当代青年作为网络参与的主要群体,不是沉溺于网络娱乐中无法自拔,就是将个人负面的情绪无原则、无理性地施加给他人,成为网络暴力和网络谣言的推动者。但我们无法忽略的是,当前青年中的许多人仍在持续性地从事着对社会有益的参与活动,切实地行使着公民的权利和履行着公民的义务。我们还记得汶川地震中的青年志愿者、在诸多网络反腐公共事件中积极参与的青年网民、以各种网络调侃和幽默的方式维护社会公正的青年网民,还有各种公共参与中的青年意见领袖。这些青年用实际的参与行为展示着自身独有的青春朝气和对美好公共生活的憧憬,他们用实际行动勾勒出现代青年专有的社会特征。

志愿工作是辛苦的,是一种无酬劳性质的持续性的社会公益参与行为。如果说被人称为"享乐一族""迷惘一代""小皇帝""新新人类"的青年群体只注重自我享受,那为什么还有那么多的青年志愿者长期参与志愿服务呢?他们能长期参与志愿公益活动的动因是什么呢?公民意识在他们的参与行动之中占据什么样的位置呢?数字时代和网络社会赋予了他们什么新的参与力量呢?

带着前文所提及的研究问题,通过研究调查笔者发现,青年能持续性地投身于社会公益服务事业,主要是由其个人自身特点、家庭成长环境、自我实现价值观的构筑、对他人期待的反身性构建、志愿组织机构的声誉和组织形式、积极互动的社会化影响、网络互融中的智慧连接等方面因素决定的。

首先,依据本内尔提出的志愿参与模型我们可以发现,志愿服务参与初始阶段是极为重要的一段时期,如果志愿参与行为能突破此阶段,那么长期持续参与的可能性就会大大增加,笔者的采访调研也证实了此规律,如11号被访人(某公益组织的地方发起人)感叹地说:"做志愿者头一年是最难熬的,如果能坚持下来,后面的工作就好多了。"从个人统计特征层面看,研究发现,国内青年的志愿参与行为并没有完全出现西方国家学者所提出的"主导地位模式"。也就是说,长期参与志愿服务的并不是那些生活富裕、有良好教育背景且在社会中地位较高的人,相反,倒是经济条件不太好的青年愿意长期参与志愿工作。虽然不排除"富二代"也参与其中,但总的来说,国内并没出现发达国家那样以"主导地位模式"为显著特征的参与模式。

其次,除个人基本特征之外,外界所带来的社会期待也对志愿者自身角色的构筑有很大的影响,而这种角色认同会对志愿者是否长期持续性地进行志愿公益参与产生比较直接的影响。也就是说,如果志愿参与者的行为得到了肯定或其长期置身于美誉度较高的组织环境中,他们的参与行为也就获得了持续下去的动力。有了组织团队的力量支持,有了权威公信部门的支撑,公益行动会有更稳妥持久地开展下去的可能性。此外,自我价值的实现和积极互动的社会化影响也是青年长期参与志愿活动的十分重要的推动力。大多数被访者表示,可能初次参与某志愿公益活动是源于功利、从众或迎合某种要求,但此后的长期服务奉献则更多地出于自我锻炼的愿景和实现自我价值观的精神需求。当生活经历中出现本奈特所提到的触动点时,这种长期坚持参与的想法就会更加牢固,这种触动点可能源于生活中的特殊状况,也可能是对某件事或一系列事情和现象产生的同情、感动、悔恨、激动、潸然、愧疚等能触动个人心灵或打上感情印记的情绪,而这些情感会为个体的实际参与持续地提供强大的精神动力和支持。青年的成长和其平时交流的环境对个体身份构建和行为参与也有较大影响，政治社会化对青年关注社会公共事务、从事社会政治参与有着很重要的推动作用。西方学者提出，政治社会化模式已由传统的自上而下的家长式模式转向公民社会化的动态模式。本项研究也印证了这种理论取向，研究发现，几乎所有被访者的家庭环境都是民主型的，家人倾向于共同解决家庭问题，对子女的教育是开明互动式的，而非权威命令式的。这种社会化影响也许并不存在于亲朋好友之间的交流内容或父母对孩子的灌输内容上，影响效果显著的是日常生活中的交谈交往模式、父母言传身教的示范以及家庭平日的氛围。这些研究结果可以较客观地回答前文提出的第一条研究问题。

再次，迅猛发展的互联网技术所掀起的信息革命在日益重塑着人们的日常生活方式，网络"空间"已日渐具备了现实社会的结构和生活实践的生长形态。美国学者曼纽尔·卡斯特（Manuel Castells，2002）在《网络社会的崛起》一书中指出，随着媒介的繁衍，网络已日渐遍布全球且实现了互联互通的信息传输，我们不再住在"地球村"中，而是住在全球用户定制的村落之中。卡斯特指出，麦克卢汉星系是单向传输的，而现如今，"受众"可以接受各种各样的信息资源并依据自己的需求建构自身独有的信息模式。从这点来看，"受众"不再是单一的接受者和消费者，同时也是生产者和创造者。在网络社会中，有哪些元素可以促进青年志愿者志愿服务工作的持续开展呢？研究显示，"集中智慧"和"连接行动"理念在志愿者的社会参与行为中有较好的体现。访谈过程中，多数被访者都表示如果没有网络，志愿组织就不会有如今的规模，网络平台已经成为志愿活动得以继续推行的基础设施。可以说，技术的发展不是为了禁锢人们的思想和行为，而是为了更好地服务于人们的观念和需求。网络空间中纷繁的技术手段是为了迎合人们日渐充盈的想法和理念而存在的；人们为了某种想法的实施而借助于网络渠道，为了寻求某种意见的支撑而在网络空间搜寻各种各样的信息，网络世界是千变万化的，但驰骋于各种平台终端的人却越来越具有主动性。技术是手段，是渠道，但不是最终目的。

最后，如果说青年的志愿参与是其自觉自愿的选择，那么"公民意识"是促使他们持续投身于志愿工作的原因吗？在访谈过程中，笔者依次询问了被访者对"公民""好公民"的理解以及他们参与志愿工作前后对"公民"问题的认识。研究表明，大多数被访者对"公民"本身的理解较为程式化，多数通过对以往教科书中只言片语的印象来构建对公民的理解。可以看出，他们并不是出于履行"公民"的社会责任的想法而长期从事公益活动的，这点与西方国家的青年同辈有所不同。西方国家非常注重公民教育，学校在公民教育课程的设置方面也较为完善；而就我国国内环境而言，虽然社会主义市场经济体制的建立和社会主义民主政治体制的不断完善使我国公民意识有了制度的保障，但是在公民教育方面还远远不足。在本研究中，受访青年志愿者很少因"公民意识"的引导而投身于志愿公益，但是长期坚守在公益领域的具体实践使他们从心底产生了对"公民"更为贴近实际的认识。

第五章　研究总结与展望

刘瑜曾为熊培云《重新发现社会》一书写序，书中提出一个核心思想：对于解决某些问题，"政府"可能显得过于遥远和高高在上，而"市场"则显得过于无情和冷冰冰，面对这些问题，我们也许可以回过头来，"重新发现社会"。

其实社会一直都在，只不过社会的光芒常常被遮掩了。社会经常被人们自然而然地想象为群聚着"乌合之众"的杂乱之所，它就仿若一个发育不良的孩子，需要受到管制和监控。其实，社会也可以是别的，社会已经在人们的种种"参与"中显现出来了。改革开放以来，中国通过市场化转型渐渐消解了过去的"全能政府"所显现的高度威权特征，个人的能力和权益在市场经济体制中得到较多的体现；随着我国加入WTO、世界奥运盛世的承办以及网络信息技术的不断革新发展，我国已经是全球化浪潮中的重要成员。就我国国内目前的情境而言，人们开始更多地关注意见表达、公平正义和行动参与。古人说，"仓廪实而知礼节"，也就是说，当物质需求得到满足以后人们就会有精神需求。当一个社会的经济及政治发展到一定阶段，百姓的权利意识和自主意识觉醒以后，人们就开始更多地关注个人对社会事务的参与。可见，"参与"是一种时代需求，是人们的意识追求，同时也是"社会"积极发展的良好体现。

但我们需要正视的是，传统的向民众开放的社会公共参与渠道仍存在着沟通不畅和壁垒繁多等诸多问题，使"参与"步履维艰；所幸的是，网络信息技术的不断壮大使"参与"瞬间蓬勃发展起来。前两年民间流行一个词汇——"倒逼",大意指依托于无处不在的网络平台所形成的社会公共舆论对实际问题的解决有很大的推动作用。近年来,政治透明度、医疗改革、物价上涨、房产登记、教育就业等长期以来反反复复被提及但改革缓慢的问题在"周久耕""微笑表哥""开胸验肺""蒜你狠""房叔房姐""乙肝维权"等一系列网络事件中得到有效曝光,公众通过网络围绕种种社会议题而产生的公共讨论在很大程度上促进了政策法规的完善和现实问题的解决。社会公共舆论的蓬勃一时间使人们对于网络空间的发展欢呼雀跃起来。但很快,这种喜悦之情又迎来了各方话语的考验,人们对"参与"开始转入了冷思考,"参与"本身的合法性面临着种种危机,这种危机顾虑大致来源于三方面:政府对公共平台的管控;经济权力对公共空间的介入;大众参与行为的无序和非理性。学术界的众多文献也相应地围绕网络规制和言论自由、公共领域市场化以及网络谣言和暴力进行了探讨。哈贝马斯所说的"公共领域受到来自政治和经济双重力量的侵蚀"在现实生活中引起了人们的担心和焦虑,"参与"的价值和意义面临着严重的现实考验,作为"参与"目标的"民主"理想也备受质疑。针对于此,本书先引介了西方众多研究"公民参与"问题的研究学者近年来所推崇的公民参与理论,从思想观念上建立"公民""参与"在现代社会中积极的可能性;然后,从国内转型期的政治、经济、文化以及作为网络主要运用者和社会建设主力军的当代青年群体特征出发,分析"参与"得以存在的制度环境、文化环境和社会宏观环境。对参与理念和参与环境的说明阐述是为了给后续实证调查研究的开展提供实践的意义和可能性,也是为了更好地说明现实问题。

首先,从思想理论层面,本书援引了近年来西方众多学者推崇的一种积极倾向的"参与观"。这种观点大体上认为,随着后工业社会和网络社会的到来,我们应该结合现实生活情境以一种扩大的视角来重新审视"公民""参与""政治"等诸多概念,以期以一种更为积极的心态来看待现实生活中存在的政治冷漠或不参与等问题,特别是正确地对待常被批评为"迷惘的一代"

的当代青年。具体说来，这种思想理念认为我们不应再将"公民""政治"等语汇禁锢在传统的党派政治体系中加以审视。在新的社会环境中，特别是在数字时代，"公民"暗含着公共的意思，"政治"也有了"社会"维度，对"参与"的理解不应再局限于传统党派政治或抗议示威等大规模的社会运动之中，参与的内核已经与个体的生活实践和媒介生态环境息息相关。当然，理论的运用需结合理论产生的具体社会情境。本书并不是唯西方理论马首是瞻，而是用"公民参与"在当前国际学术界的话语趋势来思考中国相应的问题，其中最为重要的是强调一种积极乐观的公民参与取向。

其次，就国内的参与环境而言，虽然"公共领域""网络谣言暴力""网络规制""公民意识""民主政治"等方面接受着来自方方面面的审慎和考量，但是近年来也有不少学者开始通过各种实践分析来说明一种实际存在的积极的参与观。比如，学者杨国斌认为，网络规制虽然限制了部分言论，但是民众也有持续参与的智慧，对某些重要社会议题进行讨论的公共空间仍然存在，需要客观地看待规制问题，不应简单地用因果关系将网络规制和言论自由地联系起来。很多最先由某些媒介事件集结起来的社会力量，在探讨解决事件本身的基础上，会持续展开更深层次的对政策和法规问题的思考。本书以"Y世代"青年为研究主体，在西方青年公民参与理论和一些中国学者的理论著述的基础上，深入结合研究对象的具体情况，建构他们在目前国内情境下积极的参与理念，一方面说明我们应以一种积极乐观的心态看待当代青年群体在数字时代中的社会参与，参与实践有助于提升年轻群体的公民意识和其实际的公民或政治参与行为；另一方面，紧密结合我国国内具体政治、经济、文化等方面的形势，具体说明青年参与具备合理的公共空间，特别是网络空间互融互通的发展趋势使公民参与更为生活化，这种贴近实际的参与对实现社会主义民主政治建设的宏伟目标是非常有益的。

从客观实际的实证调查来说，本研究分别用定量和定性的研究方法对国内"Y世代"青年群体的公民参与进行了调研。先用问卷调查的方法对各大小城市的大学生进行调查，选取微信应用以及社会资本两个维度来分析大学生的公民参与现状和特征。研究发现，微信已经成为大学生生活中的重要组成部分，其微信使用在很大程度上与其线上和线下公民参与活动呈正向相关关系。此外，大学生的线上公民参与要多于其线下公民参与，他们所具有的搭桥型社会资本也与其公民参与行为呈正向相关关系。本研究还说明了参与投票选举、加入某些公共组织等一些传统的参与行为并没有在青年中占据主流位置，反而是在网络上对公共议题或新闻的讨论、评论以及对虚拟社区的参与等行为更频繁。此外，研究表明，大学生对微信的娱乐化使用与其线下公民参与呈正向相关关系，这也部分验证了西方青年参与理论中以学者詹金斯为主导的理论观点，即娱乐性的媒介使用有时也会对人们的公民参与产生正面积极的影响。本研究可以大体反映当前城市大学生青年群体的公民参与现状，他们并非不关心政治或对社会公共问题持冷漠态度；在数字时代，他们更有可能从渐已成为其生活范畴的网络中进行社会参与，而这种参与虽多发生于线上平台，但线上与线下的公民参与是密切相关的，呈正向相关关系。

如果说第一项定量调查研究是为了从总体上观测当前城市"Y世代"大学生的公民参与现状，那么第二项实证调查则是从长期从事志愿公益服务的青年群体出发，通过网络民族志和深入访谈的方法，深入了解志愿者们长期持续性地进行公民参与的原因。研究发现，青年能持续性地投身于社会公益服务事业，主要是由其自身特点和家庭成长环境、自我实现价值观的构筑、对他人期待的反身性构建、志愿组织机构的声誉和组织形式、积极互动的社会化影响、网络互融中集体智慧的连接等方面决定的。数字时代中的人们居住在全球用户定制的村落之中，如今的"受众"可以接收各种各样的信息并依据自身的需求建立带有自身特点的信息模式，"受众"不再是单一的接收者和消费者，更是信息的生产者和创造者。研究表明，网络连接在志愿工作中不仅具有重要的宣传动员功能，而且还具有社会关系的维系、组织活动的发展、项目的决策和培训等多方面的重要作用。

总之，本研究从理论和实践层面来探寻置身于数字信息时代的以城市青年族群为主体的青年的公民参与,探讨这些常被称为"Y 世代""数字原住民""新新人类"的年轻人实际的参与现状和特征。一方面从理论思想和现实情境分析层面说明参与环境是随着时代的演进不断改变的,"参与""政治""公民"等概念需结合实际加以考量,现实中的参与空间也是随着政治、经济、文化和技术的发展而不断调整演进的,青年的参与特征也在社会变迁的历史长河中渐进地发生变化。该部分是后续实证研究的根基。另一方面,本研究并不想凭空构建理论模型,也不想纸上谈兵,任何真理都得经由实践的检验,并且理论的应用也得结合本土具体的研究情境,故笔者进行了两个实证研究,一个大致总体地观测了当代青年的公民参与状况,另一个较为深入地分析了青年志愿者长期进行公民参与的原因。两项调查在部分验证前几章理论构建的基础上,也实际说明了当前青年在数字时代公民参与的发展态势,以期获得积极的参与理念。

当然,本研究总体上还有很多不足之处,比如,"公民参与"是一个较为宽广的概念,对其产生影响的方面在某个现实调查中也比较不容易穷尽。因为单项研究是较为具体且有针对性的,如第一项实证调查仅选取了微信使用和社会资本两方面对大学生的公民参与进行考察,在以后的研究中可选用更多的研究维度对公民参与进行实践考察。此外,在定性访谈中,被访者的数量还可以增加,但由于访问到的青年志愿者平均的志愿参与年限都在 3 年以上,并且他们一般都在志愿组织中担当较为重要的职务,故采访到的人员在青年志愿者中还是比较具有代表性的,不过为了更加具有说服力,在后续研究中可以扩大调查范围。

学者刘瑜曾说,"一个理想的国家和社会的关系,莫过于'我挑水来你浇园',国家和社会二者完全可以相辅相成,共谋国民幸福"。社会不是洪水猛兽,社会中的青年也不是被动地沉迷于自我娱乐的个体,社会需要被发现,参与需要被肯定,"社会可以是熠熠发光、温暖并对弱者无限耐心地俯下身去的",作为民主核心的参与可以是生活化的,可以是积极乐观的,亦可以在"新政治观"中备受鼓舞。"Y 世代"并不是一个哗众取宠的词汇,它承载着当代青年的时代特征和技术特点,置身于网络社会中的青年也会运用自身所拥有的技术优势和进步观念,成为社会建设中的中坚力量,成为社会主义民主政治事业中最闪亮的光芒。

附录 1[*]

您好!

我们是中国传媒大学和香港城市大学的博士研究生,正在从事一项有关当代大学生网络社交媒体使用与公民参与、社会交往关系的研究。希望您能在百忙之余帮助填写一份问卷,您的意见和经验对于我们来说是非常宝贵的。

这项调查是完全匿名的,您不用担心有任何涉及您隐私的问题,也不用担心任何信息会被泄漏。我们诚挚地希望您能依据自身真实的想法提供如实的回馈。但如果您对某项问题持有保留意见,您有权将此题空出不填。您的答案和反馈将会受到相关法律保护,我们不会提出任何有指向性的泄漏您身份的信息。调查数据会被统一地分析处理,并只用于学术研究。

一般情况下,填写这份问卷大概会占用您 10 分钟左右的时间。非常感谢您的配合和帮助。如果您需要保留一份研究结果的影印文件,或对问卷有任何问题,请随时与我们联系。

我们的邮箱地址:genysurvey@163.com,请在 E-mail 来信的邮件主题编辑:地区(如:南京)+学历(如:本科)+年龄。

献上我们最真诚的敬意!

---

[*] 第一项实践调查的问卷。

1. 您第一次使用微信是什么时候呢？（单项选择，请打钩或高亮选项）

A. 从未使用过　　　　B. 小于6个月以前　　　　C. 6－12个月前

D. 1－2年前　　　　　E. 2年多以前

2. 您每天使用微信的时长是怎样的呢？（单项选择，请打钩或高亮选项）

A. 从来不用　　　　　B. 每天少于30分钟　　　　C. 每天30－60分钟

D. 每天1－2小时　　　E. 每天多于2小时

3. 您在微信上有多少朋友呢？（单项选择，请打钩或高亮选项）

A. <50人　　　　　　 B. 50－100人　　　　　　 C. 101－150人

D. 151－200人　　　　E. >200人

4. 您通过微信，获取有关时政新闻或社会热点信息的频率是（单项选择，请打钩或高亮选项）：

A. 从不　　　　　　　B. 很少　　　　　　　　　C. 有时

D. 经常　　　　　　　E. 总是

5. 您在过去一年中多大程度上使用微信呢？

（请据矩形每行内容，从其后的选项中选择与自己意见相符的，打上"＊"）

在微信朋友圈给别人的博客评论	A. 从不	B. 很少	C. 有时	D. 经常	E. 总是
在微信朋友圈给别人的照片评论	A. 从不	B. 很少	C. 有时	D. 经常	E. 总是
给微信朋友发布的内容点赞	A. 从不	B. 很少	C. 有时	D. 经常	E. 总是
发布微信群消息	A. 从不	B. 很少	C. 有时	D. 经常	E. 总是
组建或加入某些微信群	A. 从不	B. 很少	C. 有时	D. 经常	E. 总是
发送文字或语音即时信息	A. 从不	B. 很少	C. 有时	D. 经常	E. 总是
翻看微信推送的新闻报道	A. 从不	B. 很少	C. 有时	D. 经常	E. 总是
订阅官方新闻报道	A. 从不	B. 很少	C. 有时	D. 经常	E. 总是
讨论/探讨社会公共议题	A. 从不	B. 很少	C. 有时	D. 经常	E. 总是
发布个人生活动态	A. 从不	B. 很少	C. 有时	D. 经常	E. 总是
发布学习动态	A. 从不	B. 很少	C. 有时	D. 经常	E. 总是
发布心灵鸡汤	A. 从不	B. 很少	C. 有时	D. 经常	E. 总是
发布社会公共新闻或公共热点事件	A. 从不	B. 很少	C. 有时	D. 经常	E. 总是
发布时政新闻或政策信息	A. 从不	B. 很少	C. 有时	D. 经常	E. 总是
用微信组织或参与社群/社区活动	A. 从不	B. 很少	C. 有时	D. 经常	E. 总是

6.您在过去一年中多大程度上关注以下公共事件?

(请据矩形每行内容,从其后的选项中选择与自己意见相符的,打上"＊")

国内新闻	A.从不	B.很少	C.有时	D.经常	E.总是
娱乐新闻	A.从不	B.很少	C.有时	D.经常	E.总是
本地新闻	A.从不	B.很少	C.有时	D.经常	E.总是
国际新闻	A.从不	B.很少	C.有时	D.经常	E.总是
编辑评论意见	A.从不	B.很少	C.有时	D.经常	E.总是

7.您会通过微信关注以下媒体内容吗?

(请据矩形每行内容,从其后的选项中选择与自己意见相符的,打上"＊")

电影	A.从不	B.很少	C.有时	D.经常	E.总是
肥皂剧	A.从不	B.很少	C.有时	D.经常	E.总是
真人秀节目	A.从不	B.很少	C.有时	D.经常	E.总是
体育新闻或节目	A.从不	B.很少	C.有时	D.经常	E.总是
在线游戏	A.从不	B.很少	C.有时	D.经常	E.总是
娱乐新闻或节目	A.从不	B.很少	C.有时	D.经常	E.总是
音乐视频	A.从不	B.很少	C.有时	D.经常	E.总是

8.请问您在多大程度上同意以下的表述?

(请据矩形每行内容,从其后的选项中选择与自己意见相符的,打上"＊")

	非常不同意	不同意	中立	同意	非常同意
我感到我是校园社区团体中的一分子	A	B	C	D	E
我对学校里发生的事情都有兴趣	A	B	C	D	E
校园是一个美好的地方	A	B	C	D	E
将来毕业后,我会捐钱给我的学校	A	B	C	D	E
在学校与其他人的互动让我想要尝试新鲜的事物	A	B	C	D	E

续表

	非常不同意	不同意	中立	同意	非常同意
在学校与其他人的互动让我觉得自己是这个大社区的一分子	A	B	C	D	E
我乐意花时间支持校园活动	A	B	C	D	E
在学校,我总是会联系新的人	A	B	C	D	E
在学校与他人的互动让我感到世界上人与人之间都是联系在一起的	A	B	C	D	E
在学校,我可以找到信任的人帮我解决问题	A	B	C	D	E
如果我需要急用1000块钱,我可以在学校放心地求助某个人	A	B	C	D	E
当需要做出非常重要的决定的时候,我可以在学校放心地求助某个人	A	B	C	D	E
在校园里,和我交流过的某些人,他们可能会在工作上给予我有益的参考	A	B	C	D	E
校园里并没有人能让我很好地托付去处理一些重要的事情	A	B	C	D	E

9.在过去的一年里,您在多大程度上参与下列活动?

(请据矩形每行内容,从其后的选项中选择与自己意见相符的,打上"＊")

加入学生会	A.从不	B.很少	C.有时	D.经常	E.总是
加入NGO组织	A.从不	B.很少	C.有时	D.经常	E.总是
讨论公共议题	A.从不	B.很少	C.有时	D.经常	E.总是
参加某机构或组织举办的集体活动	A.从不	B.很少	C.有时	D.经常	E.总是
为公共议题与媒体部门取得联系	A.从不	B.很少	C.有时	D.经常	E.总是
为公共议题与政府部门取得联系	A.从不	B.很少	C.有时	D.经常	E.总是
从事志愿工作或事务	A.从不	B.很少	C.有时	D.经常	E.总是
为公共议题写信给媒体	A.从不	B.很少	C.有时	D.经常	E.总是
投票选举	A.从不	B.很少	C.有时	D.经常	E.总是

续表

加入学生会	A.从不	B.很少	C.有时	D.经常	E.总是
参与游行、抗议或集会活动	A.从不	B.很少	C.有时	D.经常	E.总是
捐款或捐物品给弱势群体或灾民	A.从不	B.很少	C.有时	D.经常	E.总是
关注大众传媒中的新闻事务	A.从不	B.很少	C.有时	D.经常	E.总是
对网络新闻写下评论	A.从不	B.很少	C.有时	D.经常	E.总是
在网上发布关于公共议题的文字信息	A.从不	B.很少	C.有时	D.经常	E.总是
转发关于公共议题的文字信息	A.从不	B.很少	C.有时	D.经常	E.总是
在网上发布关于公共议题的视频	A.从不	B.很少	C.有时	D.经常	E.总是
在网上发布关于公共议题的图片	A.从不	B.很少	C.有时	D.经常	E.总是
在线探讨社会公共议题	A.从不	B.很少	C.有时	D.经常	E.总是
关注有关社会公共议题的在线资源	A.从不	B.很少	C.有时	D.经常	E.总是
为公共议题而加入某虚拟社区	A.从不	B.很少	C.有时	D.经常	E.总是

10. 请问您认为您所成长的家庭氛围是(单项选择,请打钩或高亮选项):

  A.正统型   B. 冲突型   C. 民主型

  D.包办型   E.放任型

家庭氛围类型的具体解释如下:

正统型(父母为人严肃,行为端正,对子女要求严格,决不轻易表扬子女)

冲突型(父母双方经常吵架,或子女与父母之间经常吵架)

民主型(父母与子女相亲相爱,互相尊重)

包办型(父母一般勤劳肯干,爱子如命,处处呵护,事事顺从)

放任型(父母对孩子的教育比较随心所欲,或忙于工作将子女交给他人照顾)

11.请问您是否在微信中添加父母为好友？(单项选择,请打钩或高亮选项)

  A.父母都是我的微信好友

  B.父母其中一方是我的微信好友

  C.父母都不是我的微信好友

D.父母不用微信（跳过第12、13题）

12. 请问以下几种情况中，符合您的情况的是(单项选择，请打钩或高亮选项)：

A.我父母能看到我所有的发布在朋友圈的信息

B.我对父母进行了分组，使得他们只能选择性地看到我发布在朋友圈的信息

C.我父母完全不能看到我发布在朋友圈的信息

13. 请问您在多大程度上同意以下的表述？

(请据矩形每行内容，从其后的选项中选择与自己意见相符的，打上"＊")

	非常不同意	不同意	中立	同意	非常同意
父母加我为微信好友侵犯了我的隐私	A	B	C	D	E
加父母为微信好友打扰了我的生活	A	B	C	D	E
我经常查看父母的微信档案或朋友圈	A	B	C	D	E
我父母经常查看我的微信档案或朋友圈	A	B	C	D	E
我经常与父母在私人对话框中互动	A	B	C	D	E
我经常与父母在微信上分享心事	A	B	C	D	E
我经常在微信上向父母寻求帮助	A	B	C	D	E

为了方便后期整理，最后一小部分问题会涉及人口统计的相关信息。您所提供的任何信息绝对不会对您的身份有任何指向性的透露，请放心填答。(请打钩或高亮选项)

1.年龄：(　　　)

2.性别：A.男　　　　B.女

3.教育程度：

A.本科生　　　　B.硕士研究生　　　　C.博士研究生　　　　D.其他

4.个人月开销：

A. <1000元　　　B.1000－2000元　　　C.2001－3000元

D. 3001—4000 元　　E. 4001—5000 元　　　F. >5000 元

5. 您的婚姻状况是：

A. 未婚　　　　　B. 已婚　　　　　C. 其他

6. 您的政治面貌是：

A. 中共党员　　　B. 共青团员　　　C. 群众

7. 您的专业是：

A. 人文社科　　　B. 经济管理　　　C. 理工科

D. 医学　　　　　E. 艺术　　　　　F. 其他

8. 您在多大程度上认为"像自己一样的个人能影响政府或政治决策"？

A. 强烈不同意　　B. 不同意　　　　C. 中立

D. 同意　　　　　E. 强烈同意

9. 您在多大程度上认为"自己对政治有兴趣"？

A. 强烈不同意　　B. 不同意　　　　C. 中立

D. 同意　　　　　E. 强烈同意

附录 2[*]

这个访谈内容大致分为四个部分：个人背景介绍、媒介使用情况、参与志愿工作的动因以及志愿工作和对"公民"的理解。访谈提纲参考了马丁·耐茨和托尔森的有关论文，并针对本研究的目的和国内志愿服务情境额外加了一些问题。

我是中国传媒大学传播学博士研究生，我想对您做一个关于媒介和志愿者工作方面的QQ语音个人访谈，时长大约为1.5小时左右，方便约个时间支持一下吗？此访谈纯属学习研究之用，属于匿名性质，不会对您所提供的内容有任何指向性的透露，十分感谢您的支持和帮助！

1.个人背景介绍
——您的出生地在哪儿？在那里待了多少年了？
——您父母从事什么工作？家里条件如何？
——您现在是学生，还是已经工作了？
——您的家庭氛围如何？家人经常在一起聊天吗？
——都聊些什么呢？会聊一些政治话题吗？
——在您小时候，家人在您面前都谈论哪些话题呢？

---

[*] 第二项实践调查的访谈提纲。

——您会谈论与政治有关的话题吗？"政治"对于您来说意味着什么？
——您的性格是怎样的？

2.媒介使用情况

——您小时候常用哪些媒介设备？
——您目前常用哪些媒介？
——您对日常媒介新闻信息感兴趣吗？
——什么类型的新闻是您喜欢的呢？
——您通过什么渠道关注新闻呢？
——在日常生活中，有什么议题或问题对您来说是比较重要的或是您较为关心的？
——您怎样把媒介运用到志愿工作中呢？
——您会组建媒介平台或论坛用来分享志愿经历吗？
——您会和其他人在线讨论志愿工作或信息吗？

3.参与志愿工作的动因

——您能介绍一下参与志愿工作以来的经历吗？
——您参加了什么类型的志愿工作呢？正式或非正式？线上或线下？集体或个人？
——有没有什么事情促使您长期从事志愿工作呢？
——什么动因使您能持续性地投入志愿工作？
——您长期从事志愿工作的最重要的原因是什么？

4.志愿工作和对"公民"的理解

——您是怎样理解"公民"一词的？
——公民有怎样的责任和义务？
——公民有什么权利？
——您认为自己是一个好公民吗？
——通过从事志愿服务工作，您会成为一个好公民吗？为什么？
——在从事志愿服务工作前后，您在思想认识上有什么不同吗？

——在从事志愿服务工作前后,您对"公民"的理解会有不同吗?

再次感谢您参与这项访谈,如果您对此访谈有任何疑问,可以随时联系我。同时也希望我们保持联系,加深您对志愿工作的理解和认识,谢谢!

参考文献

阿尔蒙德,维巴.公民文化——五个国家的政治态度和民生制[M].徐湘林,等译.北京:东方出版社,2008.

鲍德里亚.消费社会[M].刘成富,全志钢,译.南京:南京大学出版社,2008.

查德威克.互联网政治学:国家、公民与新传播技术[M].任孟山,译.北京:华夏出版社,2010.

达尔.论民主[M].李风华,译.北京:中国人民大学出版社,2012.

哈贝马斯.公共领域的结构转型[M].曹卫东,等译.北京:学林出版社,1999.

海伍德.政治学:第3版[M].张立鹏,译.北京:中国人民大学出版社,2013.

基恩.全球公民社会[M].李勇刚,译.北京:中国人民大学出版社,2012.

卡斯特.网络社会的崛起[M].北京:社会科学文献出版社,2006.

莱文森.新新媒介[M].何道宽,译.上海:复旦大学出版社,2011.

李普曼.公众舆论[M].阎克文,江红,译.上海:上海世纪出版集团,2006.

舍基.人人时代——无组织的组织力量[M].胡泳,沈满琳,译.北京:中国人民大学出版社,2015.

斯沃茨.文化与权力——布尔迪厄的社会学[M].上海:上海世纪出版集

团,2012.

胡泳.众声喧哗——网络时代的个人表达与公共讨论[M].桂林:广西师范大学出版社,2008.

胡泳.信息渴望自由[M].上海:复旦大学出版社,2013.

胡正荣,段鹏.传播学总论[M].北京:清华大学出版社,2008.

邓正来.国家与社会[M].北京:北京大学出版社,2008.

蔡文之.网络传播革命:权力与规制[M].上海:上海人民出版社,2011.

赵刚印.现代化进程中的公民政治参与[M].上海:上海人民出版社,2010.

孙立平.重建社会——转型社会的秩序再造[M].北京:社会科学文献出版社,2009.

赵鼎新.社会与政治运动讲义[M].北京:社会科学文献出版社,2012.

赵鼎新.民主的限制[M].北京:中信出版社,2012.

李斌.网络参政[M].北京:中国社会科学出版社,2009.

段鹏.政治传播——历史、发展与外延[M].北京:中国传媒大学出版社,2011.

陆玉林.当代中国青年文化研究[M].北京:人民出版社,2009.

郭小安.网络民主的可能性和限度[M].北京:中国社会科学出版社,2011.

戴烽.公共参与——场域视野下的观察[M].北京:商务印书馆,2010.

萧功秦.超越左右激进主义——走出中国转型的困境[M].杭州:浙江大学出版社,2012.

杨国斌.连线力——中国网民在行动[M].邓燕华,译.桂林:广西师范大学出版社,2013.

刘瑜.民主的细节[M].上海:上海三联书店,2009.

刘瑜.送你一颗子弹[M].上海:上海三联,2010.

刘瑜.观念的水位[M].杭州:浙江大学出版社,2013.

陈亮.中国青年与百年思潮[M].杭州:浙江工商大学出版社,2011.

夏勇.中国民权哲学[M].北京:生活·读书·新知三联书店,2004.

陈炳辉.参与式民主的理论[M].厦门:厦门大学出版社,2012.

熊培云.重新发现社会[M].北京:新星出版社,2011.

谢岳.大众传媒与民主政治[M].上海:上海交通大学出版社,2005.

王绍光.祛魅与超越[M].北京:中信出版社,2010.

王绍光.民主四讲[M].北京:生活·读书·新知三联书店,2008.

赵莉.中国网络社群政治参与[M].北京:中国广播电视出版社,2011.

郑永年.技术赋权——中国的互联网、国家与社会[M].北京:东方出版社,2014.

李春玲.境遇、态度与社会转型——80后青年的社会学研究[M].北京:社会科学文献出版社,2013.

俞可平.敬畏民意——中国的民主治理与政治改革[M].北京:中央编译出版社,2012.

汪晖.去政治化的政治——短20世纪的终结与90年代[M].北京:生活·读书·新知三联书店,2008.

郭道晖.社会权力与公民社会[M].南京:凤凰出版传媒集团,2009.

邱吉,王易,王伟玮.轨迹——当代中国青年价值观变迁研究[M].北京:人民出版社,2012.

师曾志,胡泳.新媒介赋权及意义互联网的兴起[M].北京:社会科学文献出版社,2014.

陆士桢,郑玲,王丽英.对当代青年网络政治参与的理论分析[J].中国青年研究,2012(7).

罗爱武.何谓政治参与——四种当代民主理论的政治参与观比较[J].云南行政学院学报,2012(4).

徐选国,李月圆.新时期我国青年网络政治参与的内涵、特征及其趋势[J].青年探索,2012(1).

谢俊贵.凝视网络社会——卡斯特尔信息社会理论述评[J].湖南师范大学社会科学学报,2001(5).

朱子超.后现代主义思潮对中国当代青年大学生的影响分析[J].广西青年干部学院学报,2005(5).

陆士桢.特别策划——青年网络政治参与研究[J].青年探索,2012(1).

吴庆.青年公共参与的兴起和参与原因探析[J].青年探索,2012(1).

徐选国,李月圆.新时期我国青年网络政治参与的内涵、特征及其趋势[J].青年探索,2012(1).

沈卫,吴芳,丁兰华.当代大学生网络政治参与情况的调查与分析——以江苏高校为例[J].无锡商业职业技术学院学报,2011(2).

潘忠党.互联网使用和公民参与:地域和群体之间的差异以及其中的普遍性[J].新闻大学,2012(6).

李彬,黄卫星.从去政治化到再政治化——读赵月枝《传播与社会:政治经济与文化分析》[J].新闻大学,2012(1).

王蕾.亨利·詹金斯与融合文化理论[J].东南传播,2012(9).

麻志刚,刘宇.当代中国的青年文化参与探析[J].改革与开放,2009(11).

王小璐,风笑天.青年何以"暮气沉沉"——基于转型期青年压力的分析与反思[J].中国青年研究,2014(1).

王玉冰,刘昕.从"80后"文学看中国当代青年文化的后现代走向[J].山东省青年管理干部学院学报,2006(3).

邓金明.现代中国青年文化的诞生——以〈新青年〉杂志为中心的考察[J].上海大学学报(社会科学版),2011(3).

胡疆锋.中国青年文化的当代版图——从"青年文化消失论"说起[J].文艺争鸣,2011(1).

胡疆锋."恶搞"——一种青年文化现象:恶搞与青年亚文化[J].中国青年研究,2008(6).

胡正荣,李继东.广播电视公共服务、政治理念与社会实践[J].中国媒体发展研究报告,2007(0).

陆玉林.当代中国青年文化的回顾与反思[J].中国青年政治学院学报,2002(6).

王玮.全球化·青年文化·价值观[J].河北青年管理干部学院学报,2013(6).

刘悦笛,刘陶.当代新青年"新文化"的结构与走势——兼论亚文化与反文化研究的本土适用性[J].江苏行政学院学报,2013(6).

刘胜枝,王飒飒.新媒体背景下青年文化新现象研究:近两年青年网络文化现象与热点事件分析[J].中国青年研究,2013(9).

邵蕾.新媒体与青年亚文化的变迁[J].当代青年研究,2012(5).

段吉方.一种"文化抵抗风格"的发掘——"伯明翰学派"青年亚文化研究的方法与立场[J].汕头大学学报(人文社会科学版),2014(30).

胡正荣.权利表达与协商民主:辨析新媒体时代的公民网络社会参与[J].郑州大学学报(哲学社会科学版),2012(45).

赵妍.辨证分析80—90后青年的边缘性问题[J].中国青年研究,2012(2).

李继东,胡正荣.中国政治意识形态与传媒改革:关系与影响[J].新闻大学,2013(4).

胡正荣,李继东.我国媒介规制变迁的制度困境及其意识形态根源[J].新闻大学,2005(1).

钟智锦,李艳红,曾繁旭.网络环境下大学生的公民参与行为[J].青年研究,2013(2).

郭为桂.公共空间与公民参与:大众民主的困境及其出路[J].重庆社会科学,2005(9).

高旺.影响我国大学生公民参与状况的因素分析[J].中国青年政治学院学报,2009(2).

陈国营.公民参与研究述评:理论演变与焦点转移[J].中共浙江省委党校学报,2010(1).

王筠涵,谢波.公民社会与公民参与问题研究[J].中国社会科学研究论丛,2013(1).

褚松燕.我国公民参与的制度环境分析[J].上海行政学院学报,2009(1).

吴迅荣.由公民权责、公民参与到参与性公民[J].中国教育学刊,2008(2).

高旺.我国大学生公民参与状况的调查报告[J].云南行政学院学报,2008(6).

黄岩."微"时代大学生公民参与引导方略初探[J].杭州电子科技大学学报(社会科学版),2013(9).

康秀云.大学生公民参与的微博路径及教育引导[J].网络思政,2012(8).

张宇.我国公民参与政策制定的社会背景分析[J].理论探讨,2007(5).

赵月枝,罗伯特·A.汉凯特.媒体全球化与民主化:悖论、矛盾与问题[J].新闻传播评论,2003(0).

与曼纽尔·卡斯特的对话[EB/OL].http://academic.mediachina.net/article.php? id=5570.

俞可平.公民参与的几个理论问题[EB/OL].http://theory.people.com.cn/GB/49150/49152/5192300.html.

BENNETT W L. Civic life online: learning how digital media can engage youth[M].Cambridge:MIT Press,2008.

DAHLGREN P.Media and political engagement[M].Cambridge:Cambridge University Press,2009.

DAHLGREN P.The political web: media, participation and alternative democracy[M].New York:Palgrave Macmillan,2013.

DAHLGREN P.Young citizens and new media: learning for democratic participation[M]. New York: Routledge, 2007.

FENGSHUI L.Urban youth in China: modernity, the internet and the self[M].New York: Routledge,2011.

FLANGAN C A.Volunteerism, leadership, political socialization, and civic engagement[M]//LERNER, RICHARD M. Handbook of adolescent psychology. 2nd ed. New Jersey: Wiley, 2013: 721-745.

JACKA T, KIPNIS A B, SARGESON S. Contemporary China: society and social change[M]. Cambridge: Cambridge University Press, 2013.

JENKINS H. Convergence culture: where old and new media collide [M]. New York: NYU press, 2006.

LEVINE D P. The capacity for civic engagement: public and private worlds of the self[M]. New York: Palgrave Macmillan, 2011.

ADLER R P. What do we mean by "civic engagement"? [J]. Journal of transformative education, 2005, 3(3): 236-253.

AKSOY L, BOLTON R N, PARASURAMAN A, HOEFNAGELS A, MIGCHELS N, KABADAYI S,... SOLNET D. Understanding generation Y and their use of social media: a review and research agenda [J]. Journal of service management, 2013, 24(3): 245-267.

ALLEN M, WICKS R H, SCHULTE S. Online environmental engagement among youth: influence of parents, attitudes and demographics [J]. Mass communication and society, (2013), 16(5): 661-686.

AMNA E. How is civic engagement developed over time? Emerging answers from a multidisciplinary field[J]. J adolesc, 2012, 35(3): 611-627.

ANNETTE J. Faith communities, communitarianism, social capital and youth civic engagement[J]. Ethnicities, 2011, 11(3): 383-397.

ARNON S, SHAMAI S, IlATOV Z. Socialization agents and activities of young adolescents[J]. Adolescence, 2008, 43(170).

ARNOT M, SWATZ S. Youth citizenship and the politics of belonging: introducing contexts, voices, imaginaries[J]. Comparative education, 2012, 48(1): 1-10.

BACHMANN I, DE ZUNIGA H G. News platform preference as a predictor of political and civic participation[J]. Convergence: the international journal of research into new media technologies, 2013,19(4):496-512.

BAI R. Cultural mediation and the making of the mainstream in postsocialist China[J]. Media, culture & society,2012,34(4):391-406.

BARRETT M, BRUNTON-SMITH I. Political and civic engagement and participation: towards an integrative perspective[J]. Journal of civil society,2014:1-24.

BEBIROGLU N, GELDHOF G J, PINDERHUGHES E E, PHELPS E, LERNER R M. From family to society: the role of perceived parenting behaviors in promoting youth civic engagement[J]. Parenting,2013,13(3):153-168.

BENEDICTO J. The political cultures of young people: an uncertain and unstable combinatorial logic[J]. Journal of youth studies,2013,16(6):712-729.

BENNETT W L. The personalization of politics political identity, social media, and changing patterns of participation[J]. The annals of the american academy of political and social science.2012,644(1):20-39.

BENNETT W L, SEGERBERG A. Digital media and the personalization of collective action: social technology and the organization of protests against the global economic crisis[J]. Information, communication & society,2011,14(6):770-799.

BENNETT W L, SEGERBER A. The logic of connective action: digital media and the personalization of contentious politics[J]. Information, communication & society,2012,15(5):739-768.

BENNETT W L, WELLS C, FREELON D. Communicating civic engagement: contrasting models of citizenship in the youth web sphere[J]. Journal of communication,2011,61(5):835-856.

BERMUDEZ A. Youth civic engagement: decline or transformation? A critical review[J].Journal of moral education,2012,41(4):529-542.

BEYERLEIN K,VAISEY S. Individualism revisited: moral worldviews and civic engagement[J].Poetics,2013,41(4):384-406.

BINGCHUN M. From steamed bun to grass mud horse: e gao as alternative political discourse on the Chinese Internet[J].Global media and communication,2011,7(1):33-51.

BOBEK D, ZAFF J, LI Y,LERNER R M. Cognitive, emotional, and behavioral components of civic action: towards an integrated measure of civic engagement[J].Journal of applied developmental psychology,2009,30(5):615-627.

BOYD M J, ZAFF J F, PHELPS E, WEINER M B,LERNER R M. The relationship between adolescents' news media use and civic engagement: the indirect effect of interpersonal communication with parents[J].J adolesc, 2011,34(6):1167-1179.

BUCKINGHAM D. News media, political socialization and popular citizenship: towards a new agenda[J].Critical studies in mass communication,1997,14(4):344-366.

CALLINA K S,JOHNSON S K, BUCKINGHAM M H,LERNER R M. Hope in context: developmental profiles of trust, hopeful future expectations, and civic engagement across adolescence[J].J youth adolesc.

CAMINO L,ZELDIN S.From periphery to center: pathways for youth civic engagement in the day-to-day life of communities[J].Applied developmental science,2002,6(4):213-220.

CASTELLS M. The rise of the network society: the information age [J].Economy, society, and culture (vol. 1): John Wiley & Sons,2011.

CERMALCILAR Z.Understanding individual characteristics of adolescents who volunteer[J].Personality and individual differences,2009,46(4):432-436.

Chapter 8:the "citizen" in youth civic engagement[J].Child & youth services,2008,29(3-4):107-122.

Chapter 10:the "youth" in youth civic engagement[J].Child & youth services,2008,29(3-4):139-155.

CHECKOWAY B. What is youth participation? [J]. Children and youth services review,2011,33(2):340-345.

CHECKOWAY B,ALDANA A.Four forms of youth civic engagement for diverse democracy[J].Children and youth services review,2013,35(11):1894-1899.

CHENG M,BERMAN S L. Globalization and identity development: a Chinese perspective[J].New dir child adolesc dev, 2012(138):103-121.

CHEUNG C K, LEE T Y,CHAN W T,LIU S C,LEUNG K K. Developing civic consciousness through social engagement among Hong Kong youths[J].The social science journal,2004,41(4):651-660.

CICOGNAI E, ZANI B, FOURNIER B, GAVRAY C, BORN M. Gender differences in youths' political engagement and participation: the role of parents and of adolescents' social and civic participation[J]. J adolesc, 2012,35(3):561-576.

RAHIM, PAWANTEH,SALMAN.Citizenship norms and the participation of young adults in a democracy[J].International journal of social, human science and engineering,2012 (6).

CORREA T, HINSLEY A W, ZÚÑIGA G D.Who interacts on the web?:the intersection of users' personality and social media use[J].Computers in human behavior,2010,26(2):247-253.

CROCETTI E, JAHROMI P, MEEUS W. Identity and civic

engagement in adolescence[J].J adolesc,2012,35(3):521-532.

D'AMBROSI L, MASSOLI L. Bridging and bonding connections beyond the web: youth movements and civic engagement[J].International review of sociology,2012,22(3):530-551.

ZÚÑIGA G D, COPELAND L, BIMBER B. Political consumerism: civic engagement and the social media connection [J]. New Media & Society,2013(4).

DIEMER M A.Fostering marginalized youths' political participation: longitudinal roles of parental political socialization and youth sociopolitical development[J].Am J community psychol,2012,50(1-2):246-256.

MOELLER J,VREESE C D. The differential role of the media as an agent of political socialization in Europe[J]. European journal of communication,2013, 28: 309.

DING E.Philosophical discourse of postmodernity in the Chinese context[J].New literary history,1997,28(1):21-29.

DIRLIK A, ZHANG X. Introduction: postmodernism and China[J]. Boundary 2,1997,24(3):1-18.

DUKE N N,SKAY C L, PETTINGELL S L,BOROWSKY I W.From adolescent connections to social capital: predictors of civic engagement in young adulthood[J].J adolesc health, 2009,44(2):161-168.

EKSTROM M,OSTMAN J.Family talk, peer talk and young people's civic orientation[J].European journal of communication,2013.

FENG C G C, LAU T Y, ATKIN D J,LIN C A. Exploring the evolution of digital television in China:an interplay between economic and political interests[J].Telematics and informatics,2009,26(4):333-342.

FUNG A Y.Fandom, youth and consumption in China[J].European journal of cultural studies,2009,12(3):285-303.

FEI S, LU G, BAOHUA Z. News media use, credibility, and efficacy: an analysis of media participation intention in China[J]. Chinese journal of communication, Vol. 4, No. 4, December 2011, 475-495.

GAVENTA J, BARRETT G. Mapping the outcomes of citizen engagement[J]. World Development, 2012, 40(12): 2399-2410.

GELLER J D, VOIGHT A, WEGMAN H, NATION M. How do varying types of youth civic engagement relate to perceptions of school climate? [J]. Applied developmental science, 2013, 17(3): 35-147.

GHARIBPOOR M, ALLAMEH S M, ABRISHAMKAR M M. New concept of social network citizenship behavior: definition and elements[J]. Australian journal of basic & applied sciences, 2012, 6(9).

ZÚNIGA G D, JUNG N, VALENZUELA S. Social media use for news and individuals' social capital, civic engagement and political participation [J]. Journal of computer-mediated communication, 2012, 17(3): 319-336.

GIDLEY J. Globalization and its impact on youth[J]. Journal of futures studies, 2001, 6(1): 89-106.

KJELDGAARD, ASKEGAARD. The glocalization of youth culture: the global youth segment as structures of common difference[J]. Journal of consumer research, 2006(33).

ANDOLINA M W. Habits from home, lessons from school-influences on youth civic engagement[J]. Social educatioin, 2003: 275-281.

HAN R. Commercialization of Chinese youth network subculture and its social effects[J]. Asian social science, 2014, 10(9).

HARGITTAI E, SHAW A. Digitally savvy citizenship: the role of internet skills and engagement in young adults' political participation around the 2008 Presidential Election[J]. Journal of broadcasting & electronic media, 2013, 57(2): 115-134.

HARRIS A, ROOSE J. DIY citizenship amongst young muslims: experiences of the "ordinary"[J].Journal of youth studies,2013:1-20.

HART-BRINSON P.Civic recreation and a theory of civic production[J].Sociological theory,2012,30(2):130-147.

HE L.Still the age of the state? Organized social participation and civil society development in urban China[J].Pacific focus,2009,24(3):317-340.

HENDERSON A, PANCER S M, BROWN S D. Creating effective civic engagement policy for adolescents: quantitative and qualitative evaluations of compulsory community service[J].Journal of adolescent research,2013,29(1):120-154.

HILL J P, DEN D K R. Religion, volunteering, and educational setting: the effect of youth schooling type on civic engagement[J].Journal for the scientific study of religion,2013,52(1):179-197.

HOBBS R, DONNELLY K, FRIESEM J, MOEN M.Learning to engage: how positive attitudes about the news, media literacy, and video production contribute to adolescent civic engagement[J].Educational media international,2013,50(4):231-246.

HOLT K, SHEHATA A, STROMBACK J, LJUNGBERG E. Age and the effects of news media attention and social media use on political interest and participation: do social media function as leveller? [J].European journal of communication,2013,28(1):19-34.

HUSTINX L, MEIJS L C, HANDY F, CNAAN R A. Monitorial citizens or civic omnivores? Repertoires of civic participation among university students[J].Youth & society,2012,44(1):95-117.

JACKSON L A, WANG J L.Cultural differences in social networking site use: a comparative study of China and the United States[J].Computers in human behavior,2013,29(3):910-921.

JENKINS H,CARPENTIER N.Theorizing participatory intensities a conversation about participation and politics[J].Convergence:the international journal of research into new media technologies,2013,19(3):265-286.

JEONG H O.From civic participation to political participation[J].Voluntas:international journal of voluntary and nonprofit organizations,2012,24(4):1138-1158.

JOHNSON L R,JOHNSON-PYNN J S,PYNN T M.Youth civic engagement in China:results from a program promoting environmental activism[J].Journal of adolescent research,2007,22(4):355-386.

KAHNE J, LEE N-J, FEEZELL J T. The civic and political significance of online participatory cultures among youth transitioning to adulthood[J]. Journal of information technology & politics, 2013, 10(1):1-20.

KANG L.Searching for a new cultural identity:China's soft power and media culture today[J].Journal of contemporary China,2012,21(78):915-931.

KENNEDY K J, KUANG X,CHOW J K F.Exploring asian students' citizenship values and their relationship to civic knowledge and school participation[J].Educational psychology,2013,33(3):240-261.

KIM B J, AUH E,LEE Y J,AHN J.The impact of social capital on depression among older Chinese and Korean immigrants: similarities and differences[J].Aging ment health,2013,17(7):844-852.

KIM Y, CHEN H-T, GIL D Z H.Stumbling upon news on the Internet:effects of incidental news exposure and relative entertainment use on political engagement[J]. Computers in human behavior, 2013, 29(6):2607-2614.

KIM Y I, WILCOX W B. Bonding alone: familism, religion, and secular civic participation[J].Soc Sci Res,2013,42(1):31-45.

KIM Y M.The shifting sands of citizenship toward a model of the citizenry in life politics[J].The annals of the American academy of political and social science,2012,644(1):147-158.

KLUVER R, YANG C. The internet in China: a meta-review of research[J].The information society,2005,21(4):301-308.

LAGERKVIST J. Internet ideotainment in the PRC: national responses to cultural globalization[J].Journal of contemporary China,2008,17(54):121-140.

LANE J-E.China at the crossroads[J].International journal of social economics,2013,40(2):169-180.

LEE N J, SHAH D V,MCLEOD J M. Processes of political socialization:a communication mediation approach to youth civic engagement[J].Communication research,2012,40(5):669-697.

LENZI M, VIENO A, PASTORE M, SANTINELLO M. Neighborhood social connectedness and adolescent civic engagement: an integrative model[J].Journal of environmental psychology,2013,34:45-54.

LENZI M, VIENO A, SANTINELLO M, NATION M, VOIGHT A. The role played by the family in shaping early and middle adolescent civic responsibility[J].The journal of early adolescence,2013,34(2):251-278.

LEWIS O A.Net inclusion:new media's impact on deliberative politics in China[J].Journal of contemporary asia, 2013,43(4):678-708.

LI J.Fostering citizenship in China's move from elite to mass higher education:an analysis of students' political socialization and civic participation[J]. International journal of educational development, 2009, 29 (4): 382-398.

LIU F. It is not merely about life on the screen: urban Chinese youth and the internet cafe[J]. Journal of youth studies, 2009, 12(2): 167-184.

LIU F. "Politically indifferent" nationalists? Chinese youth negotiating political identity in the internet age[J]. European journal of cultural studies, 2012, 15(1): 53-69.

LIU F. From degendering to (re)gendering the self: Chinese youth negotiating modern womanhood[J]. Gender and education, 2014, 26(1): 18-34.

LIU Q, MCCORMICK B. The media and the public sphere in contemporary China[J]. Boundary 2, 2011, 38(1): 101-134.

LOADER B D, VROMEN A, XENOS M A. The networked young citizen: social media, political participation and civic engagement. Information[J]. Communication & society, 2014, 17(2): 143-150.

LU J, QIU Y. Microblogging and social change in China[J]. Asian perspective, 2013, 37(3): 305-331.

MACKINNON R. Networked authoritarianism in China and beyond: implications for global internet freedom[J]. Liberation technology in authoritarian regimes, 2010.

MARTINEZ M L, PENALOZA P, VALENZUELA C. Civic commitment in young activists: emergent processes in the development of personal and collective identity[J]. J adolesc, 2012, 35(3): 474-484.

MARZANA D, MARTA E, POZZI M. Social action in young adults: voluntary and political engagement[J]. J Adolesc, 2012, 35(3): 497-507.

MICHELETTI M, STOLLE D. Sustainable citizenship and the new politics of consumption[J]. The annals of the American academy of political and social science, 2012, 644(1): 88-120.

MIEGEL F, OLSSON T. Civic passion: a cultural approach to the "political"[J]. Television & new media, 2012, 14(1): 5-19.

MIHAILIDIS P, THEVENIN B. Media literacy as a core competency for engaged citizenship in participatory democracy[J]. American behavioral scientist, 2013, 57(11):1611-1622.

NAKAJIMA S. Re-imagining civil society in contemporary urban China: actor-network-theory and Chinese independent film consumption[J]. Qualitative sociology, 2013, 36(4):383-402.

ÖSTMAN J. The influence of media use on environmental engagement: a political socialization approach[J]. Environmental communication: a journal of nature and culture, 2014, 8(1):92-109.

PAN S-Y. Multileveled citizenship and citizenship education: experiences of students in China's Beijing[J]. Citizenship studies, 2011, 15(2):283-306.

PATTERSON N, DOPPEN F, MISCO T. Beyond personally responsible: a study of teacher conceptualizations of citizenship education[J]. Education, citizenship and social justice, 2012, 7(2):191-206.

PENNER L A. Volunteerism and social problems: making things better or worse? [J]. Journal of social issues, 2004, 60(3):645-666.

ROBERT L M. Generation ku-individualism and China's millennial youth[J]. Ethnology, 2005(44):357-376.

ROSEN S. Contemporary Chinese youth and the state[J]. The journal of asian studies, 2009(68):359-369.

LEVINE P. What do we know about civic engagment[J]. Liberal education, 2011, 97(2).

WENHONG C. Taking stock, moving forward: the Internet, social networks and civic engagement in Chinese societies[J]. Information, communication & society, 2014, 17(1):1-6.

后 记

这本书主要源于自身的博士论文，能以母校学术丛书系列出版，内心十分激动和感恩。至于为何选择"数字时代 Y 世代青年的公民参与"这个研究主题，还得从两方面说起：一方面源于我自身的媒介接触轨迹，另一方面源于读博期间对外文研读的兴趣和在国际化教学氛围中对中国问题的思考。缘于兴趣，我在 1997 年开始使用计算机，也是从那时起知道有网络这回事。如果说 1997 年互联网开始在国内普及，那我还算是早期接触网络的那拨人。当时的计算机还是台式 586，主机、屏幕显示器、键盘等零件组装齐了至少也得 5,000 元，在那时，计算机绝对算是奢侈品。为了研究这稀罕物件，我早早地报了计算机应用的相关课程，也加入了学校的计算机协会，现在总有人对我用五笔打字感到惊讶，我想恐怕就是那时练习的结果吧。自从学界将互联网归为新媒体一类，关于电视、报纸、广播等传统媒体"消亡"的争论就一直存在。我并不是喜新厌旧之人，但确实并非电视的忠诚观众。记得在 2002 年时，我就用攒下的钱去中关村买了人生第一台笔记本电脑，至今已经换了好几台了。但电视仍是 10 年前那台，虽然电视在家中仍占有一席之地，但已无人问津，唯一被打开的时候就是除夕夜，但这种机会随着网络直播技术的日益稳固也少之又少了。我是 QQ、微博、微信、博客、空间、Mac、iPhone 等平台软件和终端设备的早期使用者，我也愿意参与网络空间中的话题讨论以及分享自己的心灵感悟和生活中的点滴。在与导师聊起博士论文选题之时,龙老师觉得选题应该紧密结合个人的性格和经历,认为我应该在网络新媒体方面下点功夫。

此外,不得不说我已在中国传媒大学渡过了将近7年的时光,扎根传播学,读完了硕士博士全部课程。硕士就读期间,我有幸参与了龙耘导师所指导的教育部课题项目——"动画暴力对儿童之影响"的研究,参与过程中对于内容分析、文本分析、焦点小组访谈、问卷调查等研究方法有了扎实的锻炼,为以后的研究实践奠定了坚实的基础。在读博之初,也就是2011年,微博用户人数以每年300%的速度增长,围绕"social media"所著的大批书籍齐刷刷地闯入读者视线。当时中国传媒大学响应国际化办学目标和宗旨,投入大量精力,力邀一些在国际学术界上享有一定美誉和声望的专家学者过来讲学。也就是在那时,我开始经常出入一些国际学者的课堂,开始读一些英语原文专著,开始查阅外文资料和专业网站。由于有一定的英文基础,所以在语言上并没有遇到特别大的障碍。也就是那时,有个词吸引了我,那就是"participation"(或"engagement",参与之意)。最初知道这个词是在亨利·詹金斯(Henry Jenkins,美国南加州大学教授)的讲座上,他当时围绕粉丝的网络参与来论述数字时代"参与文化""融合文化"的蔓生。而后我围绕"参与"这一主题词汇,又陆续地研读了彼特·道格兰、兰斯·本奈特、安德鲁·查德威克、杨国斌、胡泳等大批学者的著作。除了参加国际学者的讲座外,我还踊跃地报名参加了学校国际联盟(MLeague)所组织的国际教授工作坊(workshop)。讲座和工作坊的区别在于后者仿若一段时间之内的密集学术集中营,主讲老师会系统性地将一门课程的全部知识传授给你,而参加的学生也会在课程结束时给出自己独有的反馈。我参加的第一个工作坊是由美国南加州大学学者汤姆·赫利汉(Thomas Hollihan)教授来校举办的,讲座内容围绕政治传播和总统竞选展开,我虽对"竞选"无意,但讲座中有自己感兴趣的"参与"议题,在数次学术探讨和作业反馈之后我得到了该教授的肯定,他把我推荐到德州农工大学(Texas A & M University)进行访问学习,与此同时,我也得到了本校老师的鼓励和帮助,顺利地申请到了国家留学基金为期一年的赴美留学奖学金。

可以说,赴美学习一年的历练和感悟在自身学习历程中是非常深刻的。我是第一次奔赴被称为世界第一大强国的美国,如果是20年前绝对可以算是革新者,但现在是21世纪,相比众多国际化人才和每年成千上万的留学生而言,我的确还是显得较为落后了。虽然在国内学了十多年的英文,但走进异国他乡仍感到了强烈的"文化冲击"。我在"塔木"(当地中国留学生称德州农工大学为"塔木")的指导老师是兰迪·克鲁夫(Randy Kluver),他是刚才提到的汤姆·赫利汉以往的博士生,约有50岁,是虔诚且严谨的基督教徒。他不仅是传播系的执行教授,而且还是该校孔子学院的创办者,是多个研究期刊和传播学会的参与管理者,他在学校身兼三职,非常注重时间观念。我和克鲁夫教授的交谈还是比较顺利的,基本上可以用"明确目的、切中主题、时间严谨、讲究效率"几个词高度概括。他往往一语中的,在我觉得研究毫无前进方向的时候给我几句点拨,顿时又让我觉得前路开始明晰起来。该系中国人极少,关注且研究中国问题的学者就更少,克鲁夫教授和曾来传媒大学访问的卡拉·沃利斯(Cara Wallis)教授可以算是该系仅有的对中国感兴趣的学者。沃利斯教授是一位爱好摇滚乐的年轻女学者,她和她的丈夫都对中国有着很深的情感。在她家的客厅里,整面墙都悬挂着类似"大字报"的中国汉语文字,在中国司空见惯的汉字在异国人眼里成了稀有的文化纪念品。她刚出版了有关中国打工妹和媒介使用的书籍,此书可以算是近年来把"民族志"研究方法运用得较为透彻的学术专著。

在"塔木"学习期间,除了蹭听各种课程之外,感悟最深且自身受益最大的有两点:一是信心的建立;二是学习研究视野的扩展。而这两方面的获益对博士论文的撰写是非常有帮助的。我不是一个"信心十足"的人,在国内总能遇见信心满满、踌躇满志、侃侃而谈的人,当被人认为自己不够博学的时候,心里确实有诸多惭愧,总是处于"怕被人鄙夷"的心境之中。我的英文不是很地道,踏入美国之时,我的英文可以说是特别蹩脚的,当时也并不是十分了解美国大学的学习方式和教育体系。但刚到的第二个月我就得到了指导老师克鲁夫教授的邀请，他让我在他的"国际传播"课堂上向学生传授一节关于"中国媒体发展和转型"的课，接到通知那刻，我的内心是极为忐忑的，在此后半个月的时间里，我天天泡在图书馆，查文献、找资料、做PPT，虽然面对的是本科生，但我至少也是从CUC（传媒大学）来的，不能讲得太差。我在"塔木"待了一年零两个半月，刚来和快走之时分别开了两次全英文讲座，授课内容基本一致，都是关于"中国媒体"的。如果说第一次在内容和语言方面可以用"忐忑仓促"来形容，那么第二次就显得从容淡定多了。这种感觉就好像往返美国坐的都是国航，头次赴美在飞机上觉得空姐的"美语"简直太流利地道了，待了一年回航的时候，才知晓原来世间有种语言叫"Chinglish"。

信心的建立确实需要勇气和魄力，无论这种过程是主动的还是被动的，能踏出第一步就是好事。说到这里，我脑中浮现出一幅画面，人站在满是迷雾的崖边无所适从、进退两难，终于鼓足勇气踏出脚步之时，才发现浓厚的雾气下面其实是座坚实的通往前路的桥梁。信心的建立也部分源于生活，在这里，只能说国内和国外的生活模式相差太多了，而在国外独自生活的过程是非常磨炼人的。在美国，凡事讲究个"个人主义"，在国内，可能事事首先考虑的是"别人怎么能帮我忙"。在美国期间，衣食住行方面的独立担当也给本来"弱小"的自己添增了很多勇气和信心。我很庆幸自己奔赴的是一个被称为"大学城"的地方，大学城是美国德州的一个市，该市大约有9万人，而8成左右都是学生。全市仅有"塔木"（Texas A & M）一所大学，城市各种基础设施的建立全是围绕这所大学开展的。相比灯红酒绿、吵嚷喧嚣的纽约、洛杉矶等大城市，我更愿意待在这里，让自己本有点浮躁的内心能有些许沉淀。这里学术氛围十分浓厚，如果说，近年来国内年轻人见面就开始聊房价、谈工资，那么这里的学生碰面时肯定会问你"你的研究方向是什么""你是哪个专业的"；除了紧凑的学习之外，这里的课余活动也非常丰富，你可能很难想象一个普通的教会音乐会、橄榄球赛、社区志愿活动就能让这里出现万人空巷的场景。相比国内众多的"宅男""宅女"，美国的年轻人似乎更愿意投入参与实践之中,感受现实的生活情境。我身处这样一种积极求知的互动环境中,也跟随着别人的步伐开始参与一些活动。如,当地人把一年一次的大型社区服务志愿者活动称为"Big Event",我也加入了课外小组活动,给学校农场"Howdy Farm"浇水施肥,也积极地参与被当地人称为"church belt"(教会密集区)的地方所举办的各种教会公益活动。可能正是因为有了这段经历,所以我萌生了对国内长期从事志愿服务的青年志愿者进行深访的想法。如果说美国有浓厚的宗教文化、社区文化和学术氛围,青年就会很自然地具备社会参与的渠道,那么在国内各个方面相对短缺的情境中,能长期进行社会或公民参与的青年人群不是更值得研究和关注吗?并且,置身于数字时代和网络社会,被称为"小皇帝""改革开放获益者""数字原住民"的青年族群的社会和政治参与相较于以往的年轻人又有什么不同呢?他们难道真的对政治冷漠吗?他们眼中的"政治"是怎么样的呢?他们具备公民意识吗?他们的公民参与程度、方式和内容又是如何呢?带着一系列诸如此类的问题,我的研究方向渐渐明晰起来,论文架构也日益充盈。研究命题和思路的确立是一段百爪挠心的过程,它源于阅读和实践的积累,也源于对生活的感悟,当翻过这座山的时候,虽说之后路程的跋涉仍很坎坷,但心中的信念和毅力却增添了很多。

  在此,我必须感谢恩师龙耘导师,硕士期间我很幸运地参与了龙老师指导的教育部课题项目,读博期间又获得她的大力支持赴美进行学习深造。她很严谨,对我们学术工作的要求毫不含糊;她也很亲和,平日像邻家阿姨一样带我们爬山涉旅,畅谈人生理想、人生感悟。在撰写论文的每个关键阶段,导师的点拨和鼓励是我继续完成学业、继续研究下去的莫大动力,哪怕在留美期间,在数次越洋电话中,导师都十分耐心地倾听我所做的学业汇报,每次都会对我下阶段的学习目标做出指示,导师的培育恩情我将永记于心。另外,我还得特别感谢我的同门——姬德强师兄,在博士论文撰写的每个环节都有他无私的教导和思想上慷慨地指引,数次交流使我萌发了学术兴趣,也树立了自身的学术理想。

后 记

  我还要感谢学校国际同盟的罗青老师和批准我赴美校审的刘燕南老师。在开题和中期审核过程中给予我指导的段鹏老师、张磊老师、李继东老师、李智老师、陈卫星老师、荆学民老师等在传媒大学享有盛名的专家学者。也得感谢美国南加州大学的汤姆·赫利汉教授,我内心牢记他曾对我赴美求学研究计划一遍一遍孜孜不倦地进行修改的恩情,感谢德州农工大学传播系的兰迪·克鲁夫教授和卡拉·沃利斯教授,没有他们的指引,我不可能有机会参加数次国际传播学学术会议,也没机会参加该系的一些经典课程的学习以及了解和接触前沿研究技术。也很感谢曾在传媒大学教学和在"塔木"读博的崔玺老师和现仍在"塔木"读博的陈宏亮、蒋少海同学,在美期间的学习交流是我前进的动力和能量。

  由于本项研究涉及定量和定性两个实证研究,在问卷调查方面,我非常感谢香港城市大学的曹博林同学,我们相识于2014年中国互联网国际传播学会议上。此后我们保持了长期的学术联系,在问卷设计、数据分析、行文搭建上,博林都给了我很多建议和支持。在问卷的发放过程中,我非常感谢在"塔木"认识的一大帮来自国内五湖四海的访问学者,其中包括在美期间亲切的室友——来自南京的干方群老师,以及长沙理工大学的李九苏老师、河海大学的罗玉峰老师夫妇、南京林业大学的乔维川老师夫妇、华北理工大学的王巍杰老师、山东潍坊学院的宫梅老师、河南工业大学的王宁老师等,也得诚挚地感谢国内的同窗朱文哲、谷立、陈培婵、辛自强、高弘扬、赵春光、吕玉洁、吕修琦等师兄师姐师弟师妹们,也得感谢同届博士同学徐展、和曼、赵树旺、魏渲、李英、彭桂兵、范松楠、薛强、黄艾、苏颖、赵乐平、单鹏等人以及陕西的王玉珠老师、山西的刘滔老师、武汉的好友姚麒等人,没有你们的支持和鼓励,我不可能在短短两周的时间之内回收550多份问卷,没有你们的信任和理解,我的学业研究不可能顺利地实施和开展。请允许我在此表达对诸位老师、同仁的由衷敬意和感谢。

  还有,谨借此机会感谢我的家人,你们的纯朴造就了我平静的心性,让我克服浮躁、静心钻研和努力进取,是家人和亲朋好友的大力支持让我得以安心地完成学业,在此向你们致以深深的谢意。

最后,我很珍惜和怀念在传媒大学的求学时光。我所认识的众多年轻博士身上都有种《百年孤独》中所描述的第一代何塞·阿尔卡蒂奥·布恩迪亚所具备的刻苦钻研的精神以及努力求知的沉静和毅力。读博确实得经历一段"存天理、灭人欲"的艰辛路程,不过我们的知识求索过程并不孤独,我相信大家都有将艰苦变为兴趣和耐心的勇气和决心。我很庆幸自己经过了博士阶段的磨炼,这不仅仅是对学知的探寻过程,更是对人生的感悟历程。迈过丛丛荆棘,我仿佛才触到传播研究的边缘,任重而道远,我有决心继续向前。

感恩敬礼。

王 蕾

2017 年 3 月 22 日于北京

编者的话

2014年是我的母校60周年校庆的重要日子,在那一年,由我所在的文科科研处牵头组织评审并选定了一批青年学者的学术专著加以支持出版。之后的一年多时间里,我们反复与作者和出版社沟通、提供修改意见,工作忙碌、琐碎而辛苦,甚至具体到选定封面设计这样的细微之处。想来,当我们看到这一系列专著整齐地摆放在案头时,会感到超乎寻常的价值吧。

"先寻桃源作太古,欲栽大木柱长天。"这是民国时期杨昌济教授所撰联语,一直使我受教颇深。自留校任教15年来,如果说在科研领域还小有所成,能够增益母校于万一的话,那要非常感念母校的栽培和前后两任科研处长车晴教授和胡智锋教授的提携。两位先生一为名门忠烈之后,行事如光风霁月,威望素著;一为闻一多先生再传弟子、学富五车的长江学者,后学晚辈受益者众。在他们先后主持下的科研处,为我们这一批当年的青年人的成长提供了宽广而坚实的平台。"榜样的力量是无穷的",在杰出前任的重大压力之下,我也希望通过领导的支持和自己与同事们的共同努力,为学校的青年学者提供一片"柱天大木"得以成长的平台。今天,这已经成为我们工作的重要愿景。

优秀青年学者们要走的路还很长,我校文科科研工作要走的路同样很长。"撑一支长篙,向青草更青处漫溯",我们愿意做这支长篙,使青年教师们得以助力,通往宽阔丰美的彼岸。

段 鹏

于中国传媒大学梧桐书屋东侧办公室内

2015 年 12 月 9 日

图书在版编目(CIP)数据

数字时代中国"Y世代"青年的公民参与 / 王蕾著. —北京：中国传媒大学出版社，2018.3

(中国传媒大学青年学者文丛·第二辑)

ISBN 978-7-5657-2152-6

Ⅰ.①数… Ⅱ.①王… Ⅲ.①青年－公民－参与管理－研究－中国 Ⅳ.①D621.5

中国版本图书馆 CIP 数据核字(2017)第 216596 号

数字时代中国"Y世代"青年的公民参与

SHUZISHIDAI ZHONGGUO "YSHIDAI" QINGNIANDE GONGMINCANYU

著　　者	王　蕾	
策划编辑	蒋　倩	
责任编辑	蒋　倩	
封面设计	拓美设计	
责任印制	曹　辉	
出版发行	中国传媒大学出版社	
社　　址	北京市朝阳区定福庄东街1号	邮编：100024
电　　话	010-65450532 或 65450528	传真：010-65779405
网　　址	http://www.cucp.com.cn	
经　　销	全国新华书店	
印　　刷	北京艺堂印刷有限公司	
开　　本	710mm×1000mm　　1/16	
印　　张	13.5	
字　　数	200 千字	
版　　次	2018 年 3 月第 1 版　2018 年 3 月第 1 次印刷	
书　　号	ISBN 978-7-5657-2152-6/D·2152	定价　59.00 元

版权所有　　翻印必究　　印装错误　　负责调换